**Devrim Karahasan**

**Nachgedacht**

Devrim Karahasan

# Nachgedacht

## Essays zum Zeitgeschehen und zur Geschichtswissenschaft

Dictus Publishing

**Impressum / Imprint**
Bibliografische Information der Deutschen Nationalbibliothek: Die Deutsche Nationalbibliothek verzeichnet diese Publikation in der Deutschen Nationalbibliografie; detaillierte bibliografische Daten sind im Internet über http://dnb.d-nb.de abrufbar.


Bibliographic information published by the Deutsche Nationalbibliothek: The Deutsche Nationalbibliothek lists this publication in the Deutsche Nationalbibliografie; detailed bibliographic data are available in the Internet at http://dnb.d-nb.de.


Coverbild / Cover image: www.ingimage.com

Verlag / Publisher:
Dictus Publishing
ist ein Imprint der / is a trademark of
OmniScriptum GmbH & Co. KG
Heinrich-Böcking-Str. 6-8, 66121 Saarbrücken, Deutschland / Germany
Email: info@dictus-publishing.eu

Herstellung: siehe letzte Seite /
Printed at: see last page
**ISBN: 978-3-8473-8878-4**

Devrim Karahasan

# Nachgedacht

Essays zum Zeitgeschehen und
zur Geschichtswissenschaft

**INHALTSVERZEICHNIS:**


Sarrazinismus als medialer Zynismus 3

Grassroots gegen Grass 7

Sahra Wagenknecht – eine Realpolitikerin mit Utopie 9

Sahra, die Rote, zum Zweiten 12

Überwachung 15

Die Große Koalition 17

Kardinalrot und Froschgrün – Uta Ranke-Heinemann 19

Maybrit Illners Ökotrip 21

Alice im Wunderland 23

Durchgeknallte 25

Die Außerirdischen 28

Guttenbergs „Erfolge“ – Stecknadeln im Spreuhaufen 31

Die Feigheit der Frauen: Bascha Mikas sanfter Feminismus 34

Kristina Schröders heroischer Einsatz für Mehrheiten 37

Die Flexiquote der Frauenministerin 39

Europa nach der Einigung 42

Des Kaisers neue Kleider 44

Von Bundespräsidenten und anderen Menschen 46

Warum geht es dem Rechtsextremismus so gut? 48

Europa als Friedensstifter ? 51

Eine Baracke aus Glanz und Gloria 53

Facebook – das Phänomen 55

Facebook, zum Zweiten 57

Woodstock in Istanbul 59

Erwachen im Gezi-Park 62

Das Abebben der Gezi-Park Proteste 66

Frischer Wind am Bosporus 68
Frank Schirrmachers EGO 70
SPD-Mitgliederentscheid – innerparteiliche Demokratie 72
Die Adepten der Vergangenheit 73
Liberalismus in Deutschland 78
Warum Globalgeschichte ? 92
Mein Mustafa Kemal Atatürk 107
Michel Foucault – der unerhörte Philosoph 109
Auschwitz-Gedenken gegen das Vergessen 112

## Sarrazinismus als medialer Zynismus

„Wer zu klug ist, um sich in der Politik zu engagieren, wird dadurch bestraft, dass er von Leuten regiert wird, die dümmer sind als er selbst.“ Dieser Satz wird Sokrates nachgesagt, der ja bekanntlich nicht klug genug war, den Kelch des „Schierlingsbechers“ an sich vorüberziehen zu lassen. Der Mann, der wegen Gottlosigkeit und Verführung der Jugend angeklagt und verurteilt wurde, bestand angeblich bei der Vollstreckung des Urteils darauf, dem Gott der Heilkunst Asklepios zuvor noch einen Hahn opfern zu dürfen – vermutlich um ihn milde zu stimmen.

Hätte Thilo Sarrazin sich der Mühe unterzogen, die sokratischen Tugenden an sich selbst zu exerzieren, nämlich das Gute als das Vernünftige zur Richtschnur seines Handelns zu machen und Selbsterkenntnis anzustreben, so hätte er sich in den Straßen Berlins, gedankenverloren und selbstverliebt in seine Thesen und Zahlen, in ausgiebige Gespräche mit seinen ausländischen Mitbürgern gestürzt. Statt dessen griff er zu Papier und Stift, wie er es vermutlich in seiner Karriere als SPD-Finanzsenator und späteres Mitglied im Vorstand der Bundesbank des Öfteren getan hatte, um sich zu vergewissern, ob seine Vorstellung vom drohenden gesellschaftlichen Verfall durch den Zuzug von und das Zusammenleben mit vorwiegend muslimischen Ausländern tatsächlich der Realität entsprechen. Oder ob sie nicht etwa reine Hirngespinste und der typische Verfolgungswahn eines um strenge Korrektheit und gefassten Habitus bemühten Bürokraten sind.

Der Mann, der wiederholt des Rassismus und Nazismus, aber auch Narzissmus, beschuldigt wurde, müsste sich eigentlich darüber wundern, was ihm da geschieht, sowohl im Zuspruch als auch im Widerspruch. Der Mann in Anzug und Krawatte hatte zunächst scheinbar kritiklos und ganz selbstverständlich einfach Berechnungen über Kalorien angestellt. Lange vor dem Zuzug von Türken, anderen Muslimen und Afrikanern nach Deutschland, während des Zweiten Weltkriegs nämlich, hatten die

Nazis im Sinne einer produktiven Kriegsindustrie ebenfalls ausgerechnet wie viele Kalorien ein Mensch gemeinhin zum Leben und Arbeiten braucht. Dass sie mit solchen Überlegungen die Vorstellung von „Brauchbaren“ und „Unnützen“ in die Köpfe der Menschen brachten, kann auch Thilo Sarrazin beim Schreiben seines Buches nicht ganz entgangen sein. Dennoch ist er kein Rassist.

Man muss dem stellvertretenden Chefredakteur der ZEIT, Bernd Ullrich, eben darin zustimmen, dass Sarrazin eigentlich selbst nicht versteht, was er da fabriziert hat. Denn auf einen seit langem fahrenden Zug aufzuspringen, dessen Richtung, Ziel und Geschwindigkeit allmählich außer Kontrolle gerät, kann man einem Gewissen, dem es um Geld, statistische Zahlen und vermeintliche „Wissenschaftlichkeit“ geht, nicht ernsthaft als rassistisch, allenfalls als einen solchen Reflex, anlasten.

Auf diesem Zug fahren so viele mit, die nicht das Geringste über die Zahlen wissen, die Sarrazin ausgiebig studiert hat, die kein einziges Buch über die Untaten der Nazis gelesen haben mögen und die nie einen Muslim oder Türken angegriffen oder angespuckt, geschweige denn ausgewiesen haben. Somit wissen die meisten Menschen vermutlich gar nicht, dass sie sich allenfalls unter latenten Rassisten bewegen, die sich nun als überwältigende Mehrheit offensichtlich so sehr zu freuen scheinen, dass einer endlich aufschreibt, was so viele insgeheim denken und wünschen: nämlich, dass es ein für allemal vorbei sein soll mit der angeblich so gutmenschelnden Toleranz und Offenheit, die uns lauter unqualifizierte und ungebildete Menschen beschert habe, die nur mal so nebenbei das deutsche Wirtschaftswunder mit bewerkstelligt haben und nun „in den vergangenen Jahren direkt in die Sozialversicherungssysteme eingewandert sind“, wie Peer Steinbrück im SPIEGEL-Interview verallgemeinerte.

Auch wenn es etwas länger her ist, lohnt es sich daran zu erinnern, dass ein paar Jahre zuvor von türkischer Seite die Debatte nicht minder polemisch angeheizt worden war. Nämlich durch die Äußerungen des ehemaligen Direktors des „Zentrums für Türkeistudien“, Prof. Faruk Şen, der die Situation der Türken in Deutschland heute mit der der Juden unter den Nazis verglich, und durch den amtierenden türkischen Ministerpräsidenten Recep Tayyip Erdoğan, der während eines Auftritts in der Köln-Arena seinen Landsleuten (ein Wort, das nicht der Ironie entbehrt angesichts der Tatsache, dass die Mehrzahl von ihnen längst und die meiste Zeit in einem anderen Land lebt als er selbst) zurief: „Assimiliert Euch nicht!“, denn Assimilation sei ein „Verbrechen gegen die Menschheit“ (wobei meistens „Menschlichkeit“ gemeint ist, weil die Übertragung des englischsprachigen „crime against humanity“ des Öfteren in „Menschheit“ mündet). Solche Aussagen haben wenig dazu beigetragen, die Integrationswilligkeit, die von berufener Seite, nämlich von Innenminister Thomas de Maizière, etwa 10-15% der Muslime abgesprochen wird, zu befördern.

Die Journalistin Thea Dorn überraschte in Maybrit Illners Talkrunde derweil mit der sinngemäßen Äußerung, dass auch die Bibel nicht wörtlich zu nehmen sei, dass schließlich auch in der Weltliteratur viel Unsinn stehe und dass es bei den Leuten nun mal Wut auslöse mitansehen zu müssen, wie Sarrazin bei Beckmann quasi ins Verhör genommen wurde. Georg Mascolo, Chefredakteur des SPIEGEL, rechtfertigte – ebenfalls in Illners Runde – zuvor den Hype und den Vorabdruck, indem er die Fahne der Meinungsfreiheit hochhielt, wobei einige der Redakteure in seinem Blatt gar nicht genug davon zu bekommen schienen, darauf hinzuweisen, dass man tatsächlich so viele Obst- und Gemüseverkäufer nicht brauche und dass die Sozialversicherungssysteme nun mal hoffnungslos überlastet seien.

Denn: Vorabdruck hin oder her. Machen wir uns nichts vor – wir wollen schließlich genau wissen, worüber wir hier eigentlich sprechen...! Natürlich, kommt es da den Zuschauern in den Sinn: Sarrazin hat also eine neue Bibel der Ausländerfeinde geschrieben, die man nur mal kurz zitieren muss, damit auch ja keine Missverständnisse aufkommen, in welchem Kulturkreis wir uns hier befinden und wie aufgeklärt wir über Allegorien, Metaphern und Sinnsprüche sind. Sarrazin in einer Reihe mit den Klassikern der westlichen Weltliteratur also, ein Buch fürs Unters-Kissenlegen, für das oberste Regalfach, wie beim Koran, der stets eingewickelt in ein kostbar besticktes Tuch am besten sogar über, nicht im Regal, liegt, ein Buch, das wir unseren Kindern vorlesen dürfen, damit sie verstehen, wie man aus Zahlen Fakten schafft, wie man Ironie kunstvoll als Angstszenario verkleidet, die nur leider keiner versteht, wie man sich windet und dreht, und wie man „also...äh" einfach nur mal so ausrechnet, was das Ganze eigentlich gekostet hat. Wo uns doch rechtzeitiges Integrieren und Sprachlehren all das – im wahrsten Sinne des Wortes – hätte ersparen können. Warum sind Menschen auch nur so dumm, immer erst hinterher zu verstehen, was sie angerichtet haben?

Sokrates jedenfalls hat den Hahn geopfert, während Sarrazin vom niederländischen Schriftsteller Leon de Winter in der „Süddeutschen Zeitung" auf den Arm genommen wurde mit der Allegorie vom toten Fisch, der seinem Volk, den Juden, ihre Intelligenz beschere. Gut, just die These vom „Juden-Gen" hat Sarrazin gerne wieder zurückgenommen, weil SPD-Chef Sigmar Gabriel ihm zuvor ins Gewissen geredet hatte, um noch größeren Schaden von seiner Partei abwehren zu helfen.

Aber es bleibt doch wahr: aus den Reihen der Juden sind so viele Nobelpreisträger hervorgegangen und aus denen der Türken und Muslime hierzulande scheinbar so viele Schulabbrecher und Berufslose. Vielleicht sagt uns das aber gar nichts über Intelligenz, sondern nur über Fleiß statt Faulheit. Oder über Ehrgeiz statt Ehrlosigkeit. Oder über Konzentrationsfähigkeit statt Ausgelassenheit. Oder über den Ernst des Lebens statt der Freude am Leben. Das bestätigte sich schließlich in der Person von Fadi Saad, der in Frank Plasbergs Diskussionsrunde „Hart aber Fair" mit Gewitzheit und selbsteingestandener Schläue berichtete, mit wie viel Schalk im Nacken er Lehrer, Eltern und andere Autoritätspersonen an der Nase herumführte bis er zum Streetworker, und neuerdings auf neudeutsch: „Quartiersmanager" wurde, der mittlerweile andere an seinen Erfahrungen teilhaben lässt.

## Grassroots gegen Grass

Halten wir fest: Ein in die Jahre gekommener Literaturnobelpreisträger und ehemaliger SPD-Wahlkämpfer mit SS-Vergangenheit hat in Zeiten des allmählich sich warmlaufenden Wahlkampfs in Deutschland ein Gedicht in politischer Absicht geschrieben, das keins ist und hoffentlich niemals als solches in Deutsch- oder Geschichtsbüchern erscheinen wird, allein schon um den armen Schülern einen weiteren unnötigen Interpretationskrampf zu ersparen. Das hat die Verleger dieser Republik nicht davon abgehalten, es publikumswirksam in Zeitungen abzudrucken. Seitdem ist die Debatte da, die hinter den schwülstigen Worten von Grass fast aus den Augen verloren ging: nämlich über die Frage, was Israel eigentlich vorhat und was die Rolle Deutschlands dabei ist.

Von Marcel Reich-Ranicki, Michel Friedman und Michael Wolffsohn bis hin zu Jakob Augstein, Avi Primor und Franziska Augstein haben sich jene zu Wort gemeldet, die das geschriebene Wort routinemäßig in Szene zu setzen wissen. In der Minderheit befinden sich diejenigen, die dem Gedicht etwas abgewinnen können, und wenn es auch nur der Tatbestand der tatsächlichen Bedrohung des Weltfriedens ist – was allerdings doch schon ein alter Zopf ist.

Doch warum hat die Minderheit recht? Weil die Szenarien, die Israel mit den USA erprobt, ziemlich real sind und man es sich keineswegs so einfach machen kann wie Entwicklungshilfeminister Dirk Niebel, der schlicht behauptet Grass habe Ursache und Wirkung verwechselt. Hat er nicht: sie bedingen sich gegenseitig, und so verhält es sich im Falle Irans und Israels eben auch. Die Rhetorik geht zwar vom Iran aus, aber die Stärke ist auf der Seite Israels, das zudem über mächtige Verbündete verfügt, das ihm auch zugleich die nötigen Waffen liefert.

Allerdings: von einer atomaren Erstschlagsabsicht auf Seiten Israels kann keine Rede sein, soweit die bisherige Informationslage uns darüber Aufschluss gibt. Jakob Augstein ist beizupflichten, dass Iran und Israel die Welt in Atem halten wie bei einem Pokerspiel, bei dem einerseits mit der Bombe kokettiert wird und andererseits so getan wird als könne man jederzeit angreifen. Nur warum dabei der Druck und die Sanktionen dabei stärker gegen den Iran ausfallen statt gegen Israel hat wohl allein mit dem derzeitigen weltpolitischen Gleichgewicht, um nicht zu sagen Übergewicht der westlichen Staaten zu tun.

## Sahra Wagenknecht – eine Realpolitikerin mit Utopie

Sahra Wagenknecht hat sowas Schüchternes in den Augen. Wenn die Kamera sie anzoomt, ist sie darum bemüht betont freundlich, weich und lächelnd zu schauen, so als wolle sie dem Feindbild der bitteren, harschen oder bierernsten Ideologin des verteufelten Kommunismus entgegenwirken.

In der Tat hat sie viel zu beklagen: stetig sinkende Löhne in den unteren Einkommensschichten, fehlender flächendeckender Mindestlohn, immer mehr Leih- und Zeitarbeit, steigende Einkommensspreizung, eine aus dem Ruder geratene Finanzindustrie oder übersteigerte Managergehälter. Es läuft was schief im Staate Deutschland und Wagenknecht weist wortreich darauf hin. Ihre Gegner singen derweil das Hohelied des wirtschaftlich erfolgreichen Deutschland, das am besten durch die Krise komme, Exportweltmeister ist bei einer Bevölkerung von 1% der Weltbevölkerung und über soziale Absicherung und einen hohen Lebensstandard verfügt. Sahra Wagenknecht gehört zu denjenigen, die dem Braten nicht trauen und fragen, zu welchem Preis Deutschland dieses Ansehen genießt und vor allem auf wessen Rücken diese ideologisch geführte Debatte zwischen Marktliberalen, Plansozialisten (von denen es kaum noch welche geben dürfte) und Kommunisten ausgetragen wird.

Es wird wie selbstverständlich hingenommen, doch Sahra Wagenknecht weist eigens darauf hin: dass den Erfolg des Managers schließlich seine Arbeiter und Angestellten miterarbeiten, während nur ersterer einen unerhörten Geldsegen erhält – auch wenn der in den USA um ein Vielfaches höher ausfällt –, dass auch unfähige Manager noch belohnt werden, während in sinnvollen, lebenserhaltenden- oder -rettenden Berufen wie Kranken- und Altenpflegerin nachwievor viel zu niedrige, dem hohen Anspruch der Tätigkeit nicht gerecht werdende Löhne gezahlt werden.

Sahra Wagenknecht war mal finanzpolitische Sprecherin ihrer Partei "Die Linke" und sie weiß über durch die Medien und den Mainstream häufig verdeckte Zusammenhänge der Volkswirtschaftslehre besser zu dozieren als Peer Steinbrück. Dabei tritt sie nie besserwisserisch oder verleumderisch auf, sondern stets sachkundig und argumentativ. Sie erabeitet sich so den Respekt so manchen Gegners, denn was sie sagt hat Hand und Fuß und ist stets frei von ideologischen Verbrämungen oder dem Standardvokabular der sektiererischen Vorkämpfer einer fernen Utopie, denen die meisten eben deshalb kein wirtschaftspolitisches Know-how zutrauen. In Sahra Wagenknecht vereint sich Ethik und Moral mit Sachverstand. Den hat sie sich angelesen und man merkt, dass sie dabei verstanden und hinterfragt hat, was sie liest. Sie kann aus der Volkswirtschaftslehre weithin unbekannte Denker zitieren, ohne sich hinter ihnen zu verstecken, denn sie nutzt die Zitate zur Untermauerung wichtiger Einsichten: dass beispielsweise diejenigen Unternehmen erfolgreicher geführt werden, in denen die Einkommensspreizung zwischen den höheren und unteren Ebenen nicht so eklatant ist und dass die Deckelung der Managergehälter an die Löhne der anderen Mitarbeiter gekoppelt sein sollte, damit weniger auch tatsächlich weniger für alle bedeutet, wenn es denn mal schlechter läuft.

Die Horrorszenarien von mangelnder Leistungsbereitschaft aufgrund angeblich fehlender Anreize lassen sich indes getrost widerlegen: das Publikum bei Günther Jauch stimmte mit 52% dafür, dass das Einkommen des Chefs nicht das 20fache seines Mitarbeiters übersteigen dürfe. Der common sense gebietet es nunmal, dass man Auswüchse der Finanzindustrie und des Management dadurch behebt, dass man erfragt, was noch als normal angesehen wird. Dazu gehört offensichtlich eine Proportionierung, die nachvollziehbar und gerecht ist und den tatsächlich erbrachten Leistungen entspricht ohne dabei in den Provisionswahnsinn zu verfallen.

Die Psychologie des Macho-Kapitalismus, die den rücksichtslosen, von der Macht des Geldes neurotisierten Manager mit Gütern und Einfluss belohnt, während er immer mehr den Kontakt zur Wirklichkeit verliert, hat dort versagt, wo sie nicht mehr erklären kann, warum diese Menschen keineswegs glücklicher und zufriedener durchs Leben gehen, wenn sie gleichzeitig ihr Gewissen und ihr Feingefühl für Gerechtigkeit verlieren. Sahra Wagenknecht legt den Finger in diese Wunde und was sie fordert ist das Gegenteil von realitätsfremd, sondern notwendig zum Fortbestand einer Gesellschaft, die sich Modernität auf die Fahnen geschrieben hat.

## Sahra, die Rote, zum Zweiten

Die Überschrift ist doppel gemoppelt. Ich schreibe zum zweiten Mal über Sahra Wagenknecht, die im Zweiten Programm des Deutschen Fernsehens bei Markus Lanz auftrat, wie gewohnt im roten Kostüm mit eng übereinandergeschlagenen Beinen. In der Zwischenzeit habe ich meine Ansicht über sie und ihre Performanz etwas modifiziert. Ich bin kritischer geworden. Weibliche Reize einzusetzen ist nicht verboten – bei Sahra Wagenknecht wird es in ihrer Funktion als Politikerin jedoch zur Waffe. Schade nur für ihre Gegner, dass sie sich fast nie aus der Ruhe bringen läßt und auf alles eine Antwort weiss.

Bei Markus Lanz wurde sie allerdings unfair behandelt. Von zwei Seiten in die Mangel genommen, einmal von dem mit seiner Frechheit kokettierenden Lanz, der fast in seine Gäste hineinzukriechen scheint, und einmal von dem STERN-Journalisten und Fernsehdauergast Christian Joerges. Dieser kommt aus dem Osten und so ließ er es sich nicht nehmen, seine ganze geballte Wut über die ehemalige DDR und den verhaßten Sozialismus an Sahra Wagenknecht auszulassen.

Er warf ihr vor, dass sie geschickt falsche mit richtigen Argumenten vermengen würde, bewußt Tatsachen verdrehe und "Stuss" erzähle, der noch nicht einmal in Comics vorkomme, vor allem in Fragen der EU. Es ist die offizielle Haltung der Partei DIE LINKE, dass die EU militaristisch sei. Der Institution in Brüssel wird vorgeworfen sich beispielsweise gegen "Armutsflüchtlinge" abzuschotten. Zurecht wies Wagenknecht darauf hin, dass das Gros der Rumänen und Bulgaren hervorragend qualifiziert ist, wenn sie unser Land betreten. Das "Unwort des Jahres" nahm sie indes auch nicht in den Mund. "Sozialtourismus" kommt eher CSU-Politikern in den Sinn.

Während Moritz Bleibtreu und Christian Kahrmann, zwei weitere Talkgäste, etwas genervt von der hitzigen Debatte vor sich hinzumurmeln begannen, blieben Lanz und

Joerges beim Dauerbeschuss. Die EU habe keine Armee und sie habe uns die längste Friedenszeit in Europa beschert. Das ist richtig. Richtig ist aber auch, dass ein Grenzsicherungsprogramm mit "Frontex" gefahren wird, das mit dubiosen Mitteln arbeitet. Das macht die EU zwar noch nicht zur militaristischen Institution, da sie zudem auch keinen eigenen gemeinsamen Verteidigungsminister engagiert, aber zu einer Festung schon. Da ist der Schritt zu einem militärischen Eingreifen, vielleicht als Zukunftsmusik, womöglich nicht weit. Wer garantiert uns, dass solche Pläne nicht eventuell in den Schubladen liegen – da wir doch ohnehin nur sehr intransparent über die Geschicke der EU erfahren? Zum Glück wusste Sahra Wagenknecht auch richtig zwischen Europa und EU zu unterscheiden, als Markus Lanz ihr um jeden Preis einreden wollte sie sei europafeindlich. Gewundert hat mich, dass niemandem einfiel das Beispiel "Microsoft" zu nennen, als es darum ging zu klären, ob die EU nun große Firmen begünstigt oder nicht. Immerhin musste Microsoft bereits drakonisch hohe Geldstrafen zahlen.

Bewunderswert war Sahra Wagenknechts Ruhe. Sie antwortete Lanz mit der nötigen Eloquenz. Die als "schönste Linke aller Zeiten" Betitelte blieb gelassen und spulte ihre üblichen Argumente ab, die das Publikum gerne mit Applaus quittierte: die Kinderarmut, die fehlende Demokratie in der EU und die schlechte Performanz der amtierenden Regierung.

Auch da riss Joerges die Hutschnur. Steinmeyer habe einen tollen Start hingelegt, da er schliesslich als erstes ins richtige Land, nämlich nach Griechenland, gefahren sei, von der Leyen wußte er auch zu loben. Den einzigen Fehler sah er bei Heiko Maas, dem neuen Justizminister, in der Frage der Vorratsdatenspeicherung. Wird der an sich gerne linksliberal liebäugelnde Joerges jetzt zum neuen Anwalt der Großen Koalition? Ihm ist zu wünschen, dass er sich in einer stillen Stunde mal fragt, ob er seine Zeit in der ehemaligen DDR ordentlich und redlich aufgearbeitet hat, wenn er schon seiner politischen Gegnerin Unredlichkeit vorwirft.

In der Frage des Mindestlohns hatte Sahra Wagenknecht durchaus recht, dass es zu viele Ausnahmen geben werde. Joerges konterte damit, dass er immerhin schon 2015 kommt. Allerdings war die Schlüsselfigur in dieser Frage Christian Kahrmann, den viele noch aus der "Lindenstraße" kennen werden. Dieser hat in Berlin eine Espresso-bar eröffnet und gab zu bedenken, dass er zwar gerne zehn Euro an seine Mitarbeiter zahlen würde, er dann aber seine Bar vermutlich schließen müsse. Das in der Tat sind die Bedenken der meisten Selbständigen und Unternehmer, die man ernst nehmen muss.

Zum Publikumsliebling wurde mal wieder Moritz Bleibtreu, der aus dem Bauch heraus direkt ins Herz der Zuschauer zielte. Bei aller Sympathie für Bleibtreus schauspielerische Leistungen: Von Politik keine Ahnung, aber große Klappe. Das kommt meistens gut an.

## Überwachung

Angela Merkels Handy und das anderer deutscher Politiker wurde abgehört? Worin liegt der Nachrichtenwert dieser Meldung? Hat irgendjemand ernsthaft geglaubt, Geheimdienstler würden lediglich Kaffee trinken und mutmaßliche Terroristen quälen?

Diese Meldung ruft mir in Erinnerung, was so manchem Journalisten eingebläut wird: nicht, dass ein Mann von einem Hund gebissen wurde, ist eine Nachricht wert, sondern, wenn ein Hund von einem Mann gebissen wird. Warten wir also ab, wann Angela Merkel Obama abhört, der verlautbaren ließ, dass er von der ganzen Aktion nichts gewußt habe. Also dann auch noch ein Präsident, der ahnungslos ist und seine Truppe nicht im Griff hat? Klingt ja fast noch beängstigender.

Worüber regen sich also eigentlich alle so auf? Spätestens seit der Pflichtlektüre George Orwells "1984" sollte doch jedem klar geworden sein, in welchen Zeiten wir leben. Oder seit dem Angriff auf die Zwillingstürme am 11. September 2001. Was danach kam, bereitete die heutige ausgefeilte Horch-und-Guck-Mentalität der Amerikaner und Briten vor bzw. verfeinerte sie nur noch weiter.

Der Datenschutzbeauftragte hierzulande kann sich wohl den Mund fuselig reden und wird doch nicht ernst genommen, allenfalls vielleicht von Sabine Leuthäuser-Schnarrenberger oder Gerhard Baum, den Vorkämpfern des Datenschutzes. Alle anderen Politiker tun jetzt so als seien sie empört, dabei konnten sie sich schon längst daran gewöhnen, mit welchen Mitteln die NSA oder die CIA operieren. Spä-testens seit zum Beispiel klar wurde, dass die CIA geheime Gefängnisse auf euro-päischem Boden betreiben, von Guantanamo ganz zu schweigen.

Thomas de Maizière sagt zwar, er habe damit gerechnet, dass sein Handy abgehört werde, aber nicht damit, dass es die Amerikaner sein könnten. In der "heute-show" im ZDF wurde er dann auch prompt damit auf den Arm genommen: Hatte er etwa erwartet, es seien die Holländer? Er meinte wohl die Russen, aber die sind seit Gazprom ganz gut mit ihren eigenen Skandalen beschäftigt.

Angela Merkel wird nun unisono vorgeworfen, dass sie sich erst dann empört, wenn sie selbst betroffen ist. Dabei käme ihr als Bundeskanzlerin die Aufgabe zu auch ihre Bürger zu schützen. Nüchtern wie immer stellte sie lediglich fest: "Ausspähen unter Freunden – das geht gar nicht." Mehr war kaum aus ihr herauszupressen, und das verwundert dann doch bei dem Ausmaß des Skandals, der nun auch europäische Dimensionen erreicht hat.

Dass Europa sich schon lange in einer Art Handelskrieg mit den USA befinden, ist nicht erst seit der Eurokrise klar, man kann es täglich an den Börsendaten und Wechselkursen ablesen...

## Die Große Koalition

Nun kommt sie also doch: die Große Koalition. Zumindest auf dem Papier. Während Hannelore Kraft beteuert, nie und nimmer Kanzlerin werden zu wollen, hat Angela Merkel den Schwarzen Peter in der Hand. Gewohnt routiniert setzte sie ihre Unterschrift unter den Koalitionsvertrag, der Mindestlohn und Frauenquote verspricht. Es ist viel SPD drin, die ungern draußen bleiben würde, nachdem sie in der Koalitionsfrage einen 180 Grad-Schwenk gemacht hat. Sigmar Gabriel könnte nun Vizekanzler werden, doch zuvor lieferte er sich ein Gefecht mit ZDF-Frontfrau Marietta Slomka. Für wen es peinlicher war, sei mal dahin gestellt. Zumindest konnten Millionen Zuschauer sich davon überzeugen, dass Gabriel waschechte Gefühle zeigen kann, während Marietta Slomka stellenweise etwas bedröppelt in die Gegend guckte.

Über die Frage, ob der Mitgliederentscheid der SPD verfassungswidrig ist, ließe sich trefflich streiten. Sie als "Blödsinn" abzutun, wie es Sigmar Gabriel getan hat, wäre kurzsichtig. Verkürzt wird die ganze Debatte auf den Nenner gebracht: Was das Wahlvolk nicht entscheiden konnte, soll jetzt die SPD-Mitgliederbefragung richten. Die Basis hat vielerorst ihrem Unmut bereits Luft verschafft. Einen Verrat an ihren Werten kann sich Sigmar Gabriel nicht leisten. Deshalb lastet eine tonnenschwere Verantwortung auf dem ohnehin schon schweren Mann.

Während also in Berlin bereits das Spiel um die Verteilung der Ministerposten begonnen hat und die ehemaligen Minister aus ihrem Amt entlassen wurden, geht der Poker an der SPD-Basis weiter. Angela Merkel – wer könnte es ihr verdenken – hält sich bedeckt und widmet sich lieber der Schärfung ihres immer schon angekratzten Profils gegenüber Horst Seehofer, der sich volksnah gibt und beteuert schließlich die Interessen Deutschlands zu vertreten.

Da die neue Bundesregierung in spe auch noch die Edward Snowdon-Affäre an der

Backe hat, könnte man meinen, wir befänden uns im vorweihnachtlichen Tatort-Krimi. Aber die möchte Christian Ströbele von den Grünen mit seinem beherzten Ausflug nach Moskau ja gerne lösen. Winkt ihm dafür auch ein Ministerposten – vielleicht der des Außenministers, für den jedoch bereits Frank-Walter Steinmeier wieder mal ins Gespräch gebracht wurde?

Während sich die großen Koalitionäre bemühen Geschlossenheit zu demonstrieren, schwelen die Konflikte alle schön weiter.

## Kardinalrot und Froschgrün – Uta Ranke-Heinemann

Besaß Uta Ranke-Heinemann eigentlich noch andere Garderobe als das grüne Lederkostümchen, in dem sie immer in Talkshows auftrat? Bekanntlich tragen Bischöfe ja lila und Kardinäle rot. Da aber die Katholische Kirche anders als die evangelische keine Frauen in hohen Ämtern akzeptiert, trug Ranke-Heinemann wahrscheinlich als Signalwirkung grün bis türkis. Aspirationen Päpstin zu werden hatte sie schließlich keine, denn mit der Leugnung der Jungfrauengeburt hat sie sich bei den Männern ihrer Kirche Feinde gemacht.

Diese schickt sich nun an sich zu reformieren. Seit Josef Ratzinger ging es zwar mal wieder rückwarts, unter anderem mit der Anweisung, Messen wieder in lateinischer Sprache abzuhalten. Zur Aufklärung der Missbrauchsskandale trug Benedikt auch wenig bei, ja ihm wird sogar vorgeworfen, dass er einige seiner Kollegen eher deckte bzw. deren Verhalten rechtfertigte.

Die Katholische Kirche könnte eine Frau wie Uta Ranke-Heinemann heute wieder sehr gut gebrauchen. Ihr ständiges Kopfwackeln, das die Sorge hervorrief ihre Perücke (oder waren die Haare nur so frisiert?) werde gleich vor ihren Füßen landen, nervte zwar, aber das was sie sagte nie. Es amüsierte auf hohem Niveau, denn die einstige Theologiestudentin kannte ihren Stoff besser als mancher ihrer männlichen Kollegen.

In der evangelischen Kirche hat es bekanntlich Maria Jepsen in höhere Ämter geschafft, allerdings musste Margot Käßmann wegen des Delikts "Trunkenheit am Steuer" zurücktreten. Damals schaltete sich auch der ehemalige Bundeskanzler Gerhard Schröder mit ein, dem man ein solches Verhalten vermutlich verziehen oder als typisches Macho-Merkmal ausgelegt hätte.

Ich bin in keiner Kirche aktiv. Moscheen und Kirchen schaue ich mir meistens an, weil mir die Architektur gefällt, und in Messen gehe ich nur deshalb, weil ich gerne mitsinge. Auch wenn ich kein gänzlich unreligiöser Mensch bin: es gibt keinen Grund irgendeiner Kirche oder Moschee beizutreten – vielleicht höchstens zum Liedersingen oder für interkulturelle und -religiöse Verständigung. Sie leben zwar nicht alle im Mittelalter, aber generalüberholt werden müssen sie alle.

Was die Reformen der Katholischen Kirche betrifft: so grundlegend wie diese sein müßten, damit ich in dem Verein Mitglied werde, können sie gar nicht ausfallen. Zumindest nicht zu meinen Lebzeiten. Und der Islam hat mich schon als Kind nicht überzeugt, obwohl auch Richtiges im Koran stehen mag. Er ist für mich nachwievor eine Männerreligion. Schade nur, dass ausgerechnet viele Frauen für ihn eintreten.

## Maybrit Illners Ökotrip

In einer der Sendungen Maybrit Illners wurden die EEG-Umlage und die Erhöhung der Strompreise diskutiert. Umweltschutz ist eines der Deutschen liebstes Kind. Begriffe wie "Waldsterben" haben die Franzosen beispielsweise daher wortwörtlich von den Deutschen übernommen.

In der Diskussionsrunde ging es hoch her. Peter Altmayer wurde vorgeworfen, dass er immerhin vier Jahre Zeit hatte die Strompreise zu senken. Der gab gerne den Hartz-IV-Versteher und bekundete seine Sorge, dass sich viele Rentner und Geringverdiener den teuren Strom nicht mehr leisten könnten. Simone Peter von den Grünen konnte mit viel Expertenwissen punkten und deutlich machen warum das Industrieland Deutschland im Ökostrom viel weiter sein könnte als es tatsächlich ist. Sie bot Altmayer gut Paroli, während Mayrit Illner zuweilen Schwierigkeiten hatte, die Diskutanten zu moderieren.

Kaum eine Sendung kommt noch ohne Facebook-Einspielungen aus und so wurde auch das Zitat einer Facebookerin eingeblendet, die zurecht darauf hinwies, dass die Bürger mal wieder für die Unfähigkeit der Politiker zahlen müßten und die Energiewende vor die Wand gefahren werde.

In Deutschland wird eben gerne viel und intensiv diskutiert bevor irgendwas passiert. Jedes Detail wird ausgeleuchtet, doch die Natur wartet nicht. Während die Ökokosten für eine Sendung wie die Maybrit Illners horrend hoch sind – angefangen von der Anfahrt der Teilnehmer und Zuschauer bis hin zum Schminken und modischen Ausstatten der Moderatorin, die hohen Wert darauf legt wie aus dem Ei gepellt auszusehen – , könnte man schnell Strom sparen, indem man die nächtliche Ausleuchtung vieler Geschäfte abstellt. Doch im Kapitalismus schlafen auch die Läden nicht und gieren nach Käufern.

Frau Peter machte zurecht auf Brüssel aufmerksam, denn ohne die Funktionäre läuft im Umweltschutz auch in Deutschland nichts. Der EU-Wettbewerbskommissar will noch vor Weihnachten 2013 ein Verfahren gegen Deutschland einleiten, weil Rabatte für manche Unternehmen wettbewerbswidrig sind.

Simone Peter hat vollkommen recht, dass es fatal wäre Deutschland zu diskreditieren. Der Klimawandel war beispielsweise mit Orkan Xaver mal wieder anschaulich zu bestaunen, wobei manche selbst ernannten Experten immer noch davon reden, man werde die Auswirkungen erst in fünf bis zehn Jahren zu spüren bekommen.

## Alice im Wunderland

Ausgerechnet nun auch sie: das weibliche Gewissen der Nation, die Moralapostelin wenn es um die Frage "Gleichheit und Frauen" ging, die aufklärerische Feministin *par excellence*: Frauen sind eben nicht per se die besseren Menschen. Das hat sie nun bewiesen mit ihrem Steuerbetrug: Seit gut dreißig Jahren hinterzog Alice Schwarzer die Steuern auf Zinsen für ihr Geld auf einem Schweizer Konto.

Als der Post-Chef Zumwinkel aufflog, nämlich 2008, war Alice Schwarzer schon seit Jahren eifrig dabei ihr Geld zu horten. Nach Skandalen um von Guttenberg, Schavan, Wulff und Hoeneß nun also auch sie, mit dem Unterschied, dass sie sich dank Selbstanzeige, die es juristisch nur im Falle von Steuersündern gibt, freikaufen konnte, allerdings nur für den Steuerbetrug der letzten zehn Jahre, denn die übrigen zwanzig gelten juristisch als verjährt.

Moralisch bleibt die Frage, ob Alice Schwarzer nur tut, was sie tun muss, um den juristischen Auflagen gerecht zu werden, oder ob es ihr nicht doch besser zu Gesicht gestanden hätte für all die Jahre des Steuerbetrugs zu zahlen. So wirkt sie wie eine die Geld gerafft hat und es nun verbissen festhält. Von einer moralischen Instanz hätte man Besseres erwartet. Und nun schlägt sie selbstverständlich zurück, mit der Keule "Moralverfall der Presse" ohne ihren eigenen dabei im selben Atemzug auch nur ansatzweise zur Sprache zu bringen. Rufmord könne man nicht wieder gutmachen, schreibt sie auf ihrem Blog, Steuersünden schon: indem man sie einfach nachzahlt.

Wenn das so einfach wäre, klar entbrennt an ihrer Person ein besonderes Interesse. Sie ist nicht irgendwer, auch ihre Projekte wurden zum Teil von Steuergeldern bezahlt. Also, warum legte sie die Latte für sich selbst dann höher? Wo sie doch genug Gelegenheit hatte ihren Steuerbetrug einzureihen zu den vielen öffentlich geworden anderen Fällen.

Die SPD fordert nun die Lösung "Selbstanzeige" im Falle von Steuersündern aufzuheben. Juristisch wäre das eben eine Ungleichbehandlung gegenüber anderen Vergehen. Mit Geld lösen zu wollen, was Geld nicht lösen kann, nämlich den guten Ruf wiederherzustellen, ist ziemlich naiv. Die SPD sollte daher auf ihrer Position beharren.

Auf die Gefahr hin, dass ich mittlerweile offene Türen einrenne: Ich fand Alice Schwarzer noch nie besonders glaubwürdig, obwohl ihr allenthalben attestiert wird viel im Sinne der Frauen erreicht zu haben. Ich fand sie eher kontraproduktiv, denn die Exklusivität, mit der sie den Opferstatus der Frauen reklamierte, war mir zu schwarzweiß. Als sie sich zudem während einer Talkshow, in der Ingrid Steeger von ihren Erfahrungen als Vergewaltigungsopfer berichtete, pikiert und verständinislos zeigte, war für mich die Sache klar: da versuchte eine Egomanin ein Feld zu beherrschen, auf dem sie weit und breit die einzige Konkurrenz war. Es wurde sogar manchesmal einfach hingenommen, wie sie andere Frauen gerne niedermachte.

Von einer Feministin erwarte ich anderes. Und schon gar keine Doppelmoral. Da kann man mal sehen wie weit Theorie und Praxis voneinander entfernt sein können.

## Durchgeknallte

Was sagt man nicht alles zu den Durchgedrehten: Sie haben einen an der Waffel, einen Sprung in der Schüssel, nicht mehr alle beisammen. Sie haben einen Hau, nicht mehr alle Latten aufm Zaun oder einen Dachschaden. Sie sind bekloppt, entrückt, bescheuert, irre, beschmiert, verrückt, beknackt oder eben Vollpfosten. Meschugge aus dem Jüdischen, plemplem, balla balla und Haschmich klingen auch besonders lustig. "Hast du ´ne Meise?", "Bei Dir piept´s wohl!", "Hast Du den Schuss nicht gehört" und "Hast Du ´n Vogel?" wird auch gerne verwendet. Die deutsche Sprache bietet viele solcher schönen Bilder, die zum Schmunzeln einladen. Was die Entsprechungen in Schweizerdeutsch sind, weiß ich nicht. Was aber die Entscheidung der über 50% der Schweizer angeht, die in einem Volksentscheid für die Begrenzung der Zuwanderung votiert haben, ist für mich klar: sie haben einen Schlag schräg (diese Redewendung benutzte gerne meine ehemalige Tanzlehrerin Dagmar in der ihr eigenen Ironie). Unter dem Vorwand der demokratischen Entscheidung wird mal wieder quasi Politik nicht durch die Hintertür, sondern diesmal geradewegs durch den Haupteingang gemacht: in der Frage der Grenzen.

Ralf Stegner von der SPD hat es schon getwittert, sonst hätte ich es zur Überschrift meines Artikels gemacht: "Die spinnen, die Schweizer!" Und abkupfern will ich es ihm nicht. Astérix und Obélix wären erbost, wenn sie hören würden, dass die Schweizer die Grenzen dicht machen. Dürfte selbst Obélix seinen kleinen Idéfix nicht mehr über die Grenze spazieren? Zur fixen Idee würde es schließlich nicht gleich werden, dort mal Urlaub machen zu dürfen.

Spaß beiseite, es geht um knallharte Kampagnen, die eine lange Tradition haben, nämlich von rechtsaußen gegen Ausländer zu polemisieren und sie auszugrenzen. Jede/r, der einen zugesicherten Arbeitsplatz hat, dürfe selbstverständlich kommen, heißt es. Will da aber überhaupt noch wer, wenn die Schweizer mehrheitlich so xenophob abstimmen?

Ich würde jedenfalls nicht in einem Land leben wollen, dass sich seine geschlossenen Verträge mit Partnern so auslegt wie es ihm geziemt. Die EU hatte der Schweiz freien Zugang zu ihren Märkten im Gegenzug für die Freizügigkeit zugesichert. Nun hat es Frank-Walter Steinmeyer eindeutig gesagt: das Rosinenpicken in der EU wird Konsequenzen haben, auch wenn er nicht gleich mit der Kavallerie einmarschieren will wie einst Steinbrück. Aber wer weiß?

Ich weiß nicht, ob es sich herumgesprochen hat: ich gehöre zu denen, die davon ausgehen, dass wir bereits mitten im Dritten Weltkrieg stecken und dass die Wirtschaftsbeziehungen und deren Ausgestaltung nur eine Konsequenz dessen sind. Die Schweiz gibt hier den Vorreiter für eine allgemeine Tendenz in Europa: Unter dem Vorwand kein EU-Mitglied zu sein, und das ergo schließlich zu dürfen, macht sie unmissverständlich klar, wo der Tanzhammer hängt: an der Tür zur Schweiz. Tanzen darf dort nur noch, wer zu den Schönen und Reichen gehört, und viele sind ja bereits dort. Manche waren froh dort wenigstens mal mit Skifahren in St. Moritz angeben zu dürfen. Ich selbst war mal am Como See unweit vom italienischen Lugano. Ein schönes Fleckchen Erde, das die Schweiz also nicht überrannt wissen will, um im Jargon der Ausländerfeinde zu bleiben.

Viele haben es bereits gesagt, aber ich wiederhole er gerne noch einmal: Das Land hat sich ein Eigentor geschossen. Denn es braucht die Zuwanderung genauso wie Deutschland. Ein hierzulande bekannter Wirtschaftswissenschaftler hat es bei "Hart aber fair" minutiös vorgerechnet. Frau Haderthauer von der CSU saß dort links neben dem AfD-Wortführer Lucke, den Franz-Josef Strauss dort lieber nicht gesehen hätte. Denn rechts von der CSU sollte es bekanntlich nichts mehr geben. Zum Glück konnte Frau Haderthauer die Verlogenheit, mit der Lucke argumentierte, nochmal allgemeinverständlich für alle deutlich machen. Applaus bekam sie dafür nur von denen, so würde ich mal vermuten, die sich nicht insgeheim dieselbe Entscheidungsfreudigkeit auf plebiszitärer Ebene auch für Deutschland wünschen. Und das sind viele, wie der Einspieler bewies. Haderthauers Verweis auf die Überlast der Kommunen nehme übrigens auch ich ernst, denn ich wohne in einem Viertel, in dem der Zuzug durch Bulgaren und Rumänen manifest ist.

Ihnen allen sei gesagt: Jeder ist ein Ausländer, fast überall. Nur nicht dort, wo er sich wohlfühlt. Und das darf er sich gefälligst noch selbst aussuchen dürfen.

## Die Außerirdischen

Meine Eltern haben mich "Revolution" genannt. Sie hätten mich auch Ayşe nennen können, aber da eine Frau von Mohammed, ich glaube sogar die jüngste, so hieß, wäre das nie und nimmer in Frage gekommen. Eigentlich sollte meine Schwester "Devrim" heißen, denn meine Eltern hatten sich fest in den Kopf gesetzt ihre politische Gesinnung auch deutlich zu machen. Aber dann kam ein Freund und erzählte ihnen seine herzzerreißende Liebesgeschichte. So kam meine Schwester zu ihrem Namen "Meram".

Als ob sie ahnen würden, was ihre kleine Tochter mal verzapfen würde. "Ihr Name war Programm!" könnte mal auf meinem Grabstein stehen. Nahezu jeder zweite Text von mir handelte implizit vom Aufruf zur Revolution oder zumindest von solchen Themen wie Völkerverständigung und Rassismus. Wichtig war mir dabei immer zu differenzieren und nicht alles über einen Kamm zu scheren. Meine Eltern hätten mich ja auch Sonja nennen können oder Johanna – dann würde ich wahrscheinlich mit Schleife im Haar und Ballerinas herumlaufen, oder Jule – bevorzugt in selbstgestrickten Socken und mit der Überzeugung alle unsere ausländischen Mitbürger seien prima Kerle.

Als ich klein war sah ich Dokumentationen über die Zündung der Atombombe in Japan und fragte mich, ob die Menschheit wohl nochmal ein ähnliches Schicksal erfahren würde. Es gibt Autoren, die der Meinung sind, sie sei lange vor unserer Zeit (und damit vor Hiroshima und Nagasaki) schon mal gezündet worden...Ich verfolgte auch leidenschaftlich die Auseinandersetzung zwischen Hoimar von Ditfurth und Erich von Däniken. Was die Außerirdischen anbelangt war ich stets der Ansicht, dass bestimmte Leute Kapital aus der Fantasie der Menschen schlagen wollen und dass, wenn es sie tatsächlich gäbe, sie uns entweder schon längst mal kontaktiert hätten bzw. uns angreifen oder ihre direkte Zusammenarbeit anbieten würden. Vielleicht haben sie das ja auch, nur wissen es die meisten eben nicht oder haben nichts davon mitbekommen. Die Nachrichten berichten jedenfalls nie darüber, obwohl die Forschungen dazu immens sind.

Aber vielleicht sind wir auch so uninteressant für die Außeridischen, dass sie sich keinen Deut um uns scheren. Sie empfinden uns bestimmt als hoffnungslos rückständig. Es gibt Leute, die vertreten die Ansicht, es handle sich eben um ein Geheimwissen, das nicht allen zugänglich sei und auch nicht sein solle. So ähnlich wie die Gleichnisse der Bibel, des Koran, der vedischen Schriften, der Tora und der Kabbala. Kürzlich habe ich von Wesen geträumt, die so ähnlich aussahen wie die Krieger in Star Wars. Ich habe sie jedoch nicht als bedrohlich empfunden, sondern war eher neugierig.

Was könnten Außerirdische an uns interessant finden? Dass wir so leben, als wollten wir unseren Planeten zerstören? Dass wir uns mehr dafür interessieren, wen Dieter Bohlen auserwählt als dafür wo neue archäologische Funde ausgegraben werden? Dass wir unser wirtschaftliches Verhalten eher den Wechselkursen anpassen als vernünftigen Gesichtspunkten?

Wenn ich von einem anderen Stern käme, käme mir die Erde vor wie ein Pulverfass, was man ja jetzt aktuell auch wieder an der Ukraine sehen kann. Russland spielt mal wieder den starken Mann und versetzt die Welt in Angst und Schrecken. Es wird offen über eine größere Kriegsgefahr gesonnen und davon, dass man Russland aus der G8 ausschließen könnte. Putin verteidigt sich damit, dass die neue Übergangsregierung in der Ukraine verfassungswidrig sei. Aber eigentlich geht es ihm nur darum seine Macht zu demonstrieren, auch wenn er bereits wieder etwas eingelenkt hat. Gelungen ist ihm jetzt schon, dass auf der anderen Seite – USA, EU, Nato – alle Hebel in Bewegung gesetzt wurden. Frank-Walter Steinmeier hat meiner Ansicht nach recht, dass ein Ausschluss aus der G8 keine Lösung wäre, denn wo sonst wolle man denn mit Russland reden? Gewiss, es gibt jetzt schon Kontaktgruppen und ähnliches. Die Frage ist nur welche Plattform von Russland akzeptiert und ernst genommen wird. Aber was die Außeridischen dazu sagen würden, weiss ich nicht.

Mit Deutschland leben wir in einem Land, in dem Verfechter der Theorie der Exo-Wesen eher als Spinner abgetan werden, während in Ländern wie Russland und China viel offener mit dem Thema umgegangen wird. Mit Deutschland leben wir auch in einem Land, in dem die Einkommensverteilung hoffnungslos ungerecht ist und zwar ebenso zwischen den Schichten wie den Geschlechtern. Das müßte den Außeridischen besonders paradox vorkommen, ist Deutschland doch angeblich eines der fortschrittlichsten Länder der Welt.

Wenn ich eine Außeridische wäre, würde ich mich jedenfalls eher für andere Sterne begeistern. Immerhin gibt es Milliarden anderer dort draußen. Brennend interessieren würde mich hingegen auf diesem Planeten, was so mancher Würdenträger der Kirche dazu zu sagen hat.

## Guttenbergs "Erfolge" – Stecknadeln im Spreuhaufen

Die Lobeshymnen, die man stets über den Minister mit den zehn Vornamen (oder waren es zwölf?) hörte, waren so „over the top“ – wie die Engländer sagen würden – dass sie bar jeder Substanz schienen. Nicht nur erweckte das den Eindruck, dass hier jemand eher hochgejubelt und hochgeschrieben werden sollte, als dass irgendeiner der Attribute, die zu Guttenberg zugute gehalten wurden, auch nur ein Fünkchen mit der Wahrheit zu tun gehabt haben könnten.

Zum „beliebtesten Politiker“ wurde er von dem mit der Boulevardpresse verquickten Volk vermutlich deshalb erkoren, weil er so jung schon so riesige Aufgaben stemmen sollte und eine blendend aussehende Gattin mit langer Ahnenreihe an seiner Seite hatte. Allerdings sind die Erfolge, die ihm allenthalben zugesprochen werden, gar nicht in Sicht, noch nicht einmal in Reichweite. Ein genauerer Blick auf seine Performance ist daher lohnenswert.

Zunächst wurde er aus den Reihen der CSU-Abgeordneten zum Wirtschaftsminister gekürt. Während er mit Opel nicht warm wurde – vermutlich weil es synonym ist mit dem malochenden Proleten, der in der Mittagspause sein Bier schlürft und den Kumpels nebenan im Schacht über die Schulter schielt – konnte Quelle als der Urquell deutschen Konsumrausches mit seinem Wohlwollen rechnen. Guttenbergs Widerspruch Nummer eins: eine Volkswirtschaft braucht für ihren Glanz und Erfolg nicht nur die Arbeitsplätze im Dienstleistungssektor, sondern auch die im verarbeitenden, produzierenden Gewerbe. Das gilt erst recht für Häuser mit einer langen Tradition.

Ein Auftritt bei Thomas Gottschalks Einschaltquoten-Knüller „Wetten Dass“ verlieh dem Minister die notwendige Gesellschaftsfähigkeit: plaudernd auf der Couch konnte er dem Publikum demonstrieren, dass er der umgängliche und offenherzige Mann von nebenan ist, der sich die Haare nicht nur zum Spaß gelt, sondern weil er es für stylish hält. Stylish ist denn auch ein Schwätzchen mit Thomas Gottschalk, der schon ganz anderen zu ungeahnter Popularität verholfen hat.

Widerspruch Nummer zwei: Dass die Berater von Karl-Theodor zu Guttenberg ihm dann später Johannes B. Kerner als Talkmaster in Afghanistan empfahlen, verwundert angesichts der größeren Sogwirkung, die von Gottschalk hätte ausgehen können. Dass die ganze Idee an sich an Geschmacklosigkeit und Heuchelei nicht zu überbieten war, während unweit des Drehortes Menschen „für unsere Sicherheit“ starben, hätte sogar Lilly Marlen vorsingen können, wer es hören wollte.

Im Amt des Verteidigungsministers glänzte zu Guttenberg tatsächlich mit einem *faux pas* nach dem anderen: erst befand er die Bombardierung bei Kundus für angemessen. Erst später schien er sich umfassender informiert zu haben und revidierte seine anfängliche Einschätzung, vermutlich aus vorauseilendem Kadavergehorsam, geäußert im Eifer des Gefechts. Er entließ wichtige Mitarbeiter, denen er somit die Schuld in die Schuhe schieben konnte, um sich selbst reinzuwaschen, obwohl ihm als Verteidigungsminister die größte Verantwortung obliegt.

Die Vorfälle auf der Gorch Fock, auf der Sarah Seele zu Tode kam, beendete Guttenberg durch die Suspendierung des Kapitäns. Nun wirken solche durchgreifenden Maßnahmen auf den ersten Blick souverän und stark: es sieht nach Konsequenzen aus, allerdings ändert sich dadurch weder etwas an internen Zuständen, noch an den Auswüchsen falscher Hierarchien und Befehle. Guttenberg betreibt Kosmetik, die nach Mannesstärke und Durchschlagskraft aussehen soll. Eine Schönheitsoperation ist selbst die von ihm initiierte Bundeswehrreform nicht, die nicht hält, was sie verspricht: die Einsparung von Finanzen. Zudem soll die Berufsarmee vielen Nicht-Deutschen versperrt bleiben, womit sich Guttenberg dem Vorwurf der Deutschtümelei aussetzt. Widerspruch Nummer drei: ein Mann kann sich nicht dadurch stärker machen, dass er eine schwache Figur abgibt.

Das i-Tüpfelchen der Widersprüche ist seine Doktorarbeit: auch hier nur Kosmetik.

Erstens hätte er sie für seine Karriere und sein Amt nicht gebraucht. Zweitens sind schlechte Wissenschaftler meistens auch schlechte Politiker, denn sie kennen den Unterschied zwischen logischen Argumenten und Scheindebatten nicht. Sie halten den äußeren Glanz für wichtiger als den Inhalt. Wenn man die Spreu vom Weizen trennt, kommt meistens ein guter Berg an Spreu zum Vorschein.

## "Die Feigheit der Frauen" und Bascha Mikas sanfter Feminismus

Die ausverkaufte und bis auf den letzten Platz besetzte Lesung in der Stadtbücherei Münster läutete die Gleichstellungsbeauftragte der Stadt mit den Worten ein, dass Bascha Mika den Teilnehmenden wohl kaum eine Unbekannte sei. Die Antworten der prominenten ehemaligen Chefredakteurin der „taz" auf die Fragen von Susanne Eichler aus dem Fachbereich Gesellschaft/Politik/Geschichte der Volkshochschule Münster im Vorfeld der Lesung boten denn auch reichlich interessante Einblicke in den Umgang bekannter Feministinnen untereinander.

So zum Beispiel in Bascha Mikas Begegnung mit Alice Schwarzer, über die Mika ihr erstes Buch schrieb. Alice Schwarzer habe ihr zunächst kein Interview für das geplante Porträt geben wollen, da sie nur Interviews im Wortlaut akzeptiere, die sie dann autorisieren könne oder nicht. Alice Schwarzer habe der Mika, die von sich selbst sagt, eine „zivilisierte Cholerikerin" zu sein, die nur dann laut werde, wenn andere es täten, den Emma-Journalistinnenpreis für die Schwarzer-Biographie am liebsten vorenthalten. Doch die Jury setzte sich durch und so mußte die Schwarzer, die bekundete, die „taz" nicht ausstehen zu können, akzeptieren, dass Mika 1994 den Preis bekam.

Aus den Erzählungen der ehemaligen Chefredakteurin der „taz" und heutigen Honorarprofessorin in Berlin konnte man denn auch heraushören, was für ein rauher Ton bei der „taz" meist herrschte. Kaum sei sie in die Chefredaktion aufgestiegen, sei ihr eine Ablehnung entgegengebracht worden, die wohl weniger mit ihrer Person als vielmehr mit ihrer Funktion zu tun hatte. Wenn in der Tat pausenlos darüber diskutiert werde, ob man denn überhaupt eine Chefredaktion brauche, könne man sich gut ausmalen, warum es in acht Jahren 13 Chefredakteure gegeben habe, unter denen so mancher entweder mit einem Magengeschwür oder wegen eines Tinnitusses das

Handtuch warf. Nicht so die Mika: sie hielt es elf Jahre lang dort aus und dachte, dass sie noch nebenbei ihr zweites Buch schreiben könne. Darin allerdings habe sie sich wohl geirrt.

Das Buch entstand nach dieser Zeit und trägt den Titel „Die Feigheit der Frauen“. Es handelt davon, dass Frauen sich plötzlich in Lebensentwürfen wiederfinden, die so nicht geplant waren. Mika spricht über die Frauen, die die Wahl gehabt hätten, aber aus mangelndem Mut in die typischen Liebes- und Beziehungsfallen tappen. Stellvertretend für all diese Frauen der gutsituierten Mittelschicht mit Mann an der Seite steht Eva, ihr Pendant ist Rainer, der Oberarzt. Jedes Kapitel endet mit einer Ich-Erzählung und Moritz ist der einzige Mann, der seine Perspektive darstellen darf: mit einer Freundin, die ohne viel Aufhebens den Haushalt schmiss und mit der das Zusammenleben nur deswegen so gut funktioniert habe, weil er sie hin und wieder zum Essen einlud.

Frauen wollten es nicht anders, als in dieser von Männern dominierten Gesellschaft bequem zu leben und davon zu profitieren, so lautet eine der provokanten Thesen von Bascha Mika. Die „selbstverschuldete Unmündigkeit“ zeige sich selbst dort, wo eine Frau auf einen gleich starken Mann treffe und glaube, einer müsse sich eben unterwerfen, und sich deswegen bereitwillig unterordne. Die Rhetorik der Frauen scheint mit der gelebten Praxis wenig gemeinsam zu haben. Selbstbestimmung und Eigenverantwortung erfordert demnach Mut und nicht alles lässt sich auf die mittlerweile ausreichend analysierten Strukturen schieben, die sich laut Mika jedoch nicht leugnen ließen.

Die anschließende Fragerunde und Diskussion des Publikums, unter denen sich nicht einmal eine Handvoll Männer befanden, machte den Handlungsbedarf in Sachen Gleichberechtigung deutlich. So gingen die Meinungen weit auseinander, ob Eva nun dumm oder feige sei, dass sie sich den Vorstellungen ihres Mannes unterwerfe, ob Kindererziehung nicht auch „Arbeit“ sei, aber eben nur unbezahlte und ob es nicht einfach einer Angleichung der Gehälter bedürfe. Bascha Mika sah es auch so: in dieser Gesellschaft gelte eben nur, woraus sich Kohle machen ließe.

Dass der Slogan „Gleicher Lohn für gleiche Arbeit“ sich auf die Leiharbeit, nicht aber auf die Unterschiede zwischen Männer- und Frauenarbeit bezieht, bemängelte sie und nahm die Gewerkschaften in die Pflicht. Seit 15 bis 20 Jahren tue sich nichts in der Frauenfrage. In Deutschland würden sogar 60% der Frauen mit Kind/ern immer noch angeben, sich allein für die Kinder verantwortlich zu fühlen, obwohl nicht alle Befragten alleinerziehende Mütter seien. Dabei bestehe die einfache Lösung darin, dass im ersten Jahr, wo es ums Stillen gehe, die Frau sich um das Kind kümmere und im zweiten Jahr eben der Mann, der dadurch soziale Kompetenz erwerbe, die er sonst nirgends lernen könne. Und das täte sowohl den Kindern als auch den Männern sehr gut.

Bascha Mika hat alte Fragen neu aufgeworfen und zur Diskussion auf einem Feld weiter angeregt, das so alt ist wie das Verhältnis der Geschlechter selbst. So wirkte auch vieles, das Bascha Mika vortrug, nicht wirklich neu. Dass dabei auch so manches Klischee bedient wurde, ließ sich scheinbar nicht vermeiden: dass zum Beispiel eher die wohlsituierten gutausgebildeten Frauen mit Mann bedacht wurden, nicht aber die lesbischen Frauen und auch keine Arbeiterinnen, obwohl Bascha Mika beteuerte mit „gut ausgebildet“ keineswegs allein die Akademikerinnen zu meinen. Dass man Frauen nicht nach dem Alter fragen dürfe, wie Susanne Eichler im Eingangsinterview bekundete, wurde denn auch vom Publikum mit Raunen quittiert und dass die Technik von einem Mann übernommen wurde, hatte sicherlich rein pragmatische Gründe.

## Kristina Schröders heroischer Einsatz für Mehrheiten

Kristina Schröders Besonderheiten bleiben nicht beim „K" im Vornamen stehen. Als dezidierte Konservative mit Hang zu witzigen Postern, die ihr gerne als Kohl-Bewunderung ausgelegt wurden, nimmt sie es mit der Ideologie, die ihr quasi von Amts und Karriere wegen auferlegt wurde, nicht sonderlich genau.

Einerseits möchte man ihr darob zugute halten, dass sie es mit dem Bierernst der Ideologinnen nicht so hat, andererseits reibt man sich die Augen und spitzt die Ohren angesichts ihrer Verfehlungen auf berufenem Posten: wozu leistet sich die Bundesregierung eine Frauen- und Familienministerin, die eingesteht, dass auf diesem Gebiet quasi schon alles erreicht sei und man sich nun endlich auch mal den Jungs widmen müsse? Recht hat sie, wenn man bedenkt, um wie vieles besser die Mädchen sowohl bei Schulnoten als auch im Betragen meist abschneiden.

Andererseits: sie ist weder Bildungsministerin, noch ist sie Jungen- (im Sinne von männlichen Geschlechtsgenossen) Beauftragte. Was also hat sie in diesem ihrem Idealismus nur geritten? Von „bizarrem Sex-Streit" (BILD) möchte man gar nicht erst anfangen, aber stutzig wird man dann doch spätestens bei ihrer Parteinahme für deutsche Mobbing-Opfer an Schulen, die auf die mittlerweile angeblich so sehr um sich greifende „Deutschenfeindlichkeit" zurückgeführt werden.

Stutzig deshalb, weil 2009 gegenüber der Berliner Senatsbildungsverwaltung von ganzen angezeigten 78 Fällen nur elf von Kindern mit Migrationshintergrund verursacht wurden. Die Dunkelziffer ist es vielleicht, die der Ministerin solche Sorgen bereitet? Allein, man weiß es nicht. Vielleicht sind es auch zugespitzte Wahnvorstellungen über die allseitigen Bedrohungen auf dem Pausenhof und die immer seltener zu vernehmenden und sich stetig verschlechternden Deutschkenntnisse al-lent-alben? Die Statistik jedenfalls scheint dafür zu sprechen, dass immerhin die deutschen Kinder beim aktiven Mobbing mit 66 in der überwiegenden Mehrzahl waren. Das erklärt sich vermutlich aufgrund ihrer gesellschaftlichen Mehrheitsposition.

Kristina Schröders heroischer Einsatz für Mehrheiten ist bemerkenswert. Vielleicht liegt das daran, dass sie zumeist mit der Mehrheit schwamm. Dass sie sich so wenig gegen wirkliche Benachteiligung einsetzen mag, müsste man vermutlich mit Freud zu analysieren beginnen: Den Feind zu loben und den Freund zu schmähen bringen nicht viele fertig und merken dabei nicht, dass sie sowohl dem Freund als auch sich selbst schaden. Allzu heftig gegen das anzukämpfen, was man in sich selbst unterdrückt, kann man Kristina Schröder vermutlich nicht vorwerfen.

## Die „Flexiquote“ der Frauenministerin

Wieder macht Kristina Schröder von sich reden, und zwar wieder nicht durch einen beherzten Vorstoß in Sachen Frauenrechte, sondern durch eine halbgare Initiative, die den frauenförderunwilligen Großkonzernen kaum Angst machen dürfte. Bis zu 25.000 € Strafe soll denjenigen unter ihnen drohen, die mit der „Flexiquote“, wie sie es nennt, nicht ernstmachen. Demnach sollen sich Großkonzerne selbst den Zielrahmen stecken, den sie in Sachen Frauenförderung erreichen wollen. Diese Regelung greift für alle jene Unternehmen, die es bis 2013 nicht geschafft haben, den durchschnittlichen Anteil von Frauen auf Führungsebenen zu verdreifachen.

Das Problem beginnt bekanntlich schon dort, wo es um die Definition von "Führungsebenen" geht. Der Anteil von Frauen in Aufsichtsräten war von 2008 bis 2010 lediglich um 0,1% angestiegen – eine kaum nennenswerte Veränderung, die zeigt, dass eine Selbstverpflichtung wohl kaum das probate Mittel sein kann. Dass es eine solche Selbstverpflichtung zudem sogar schon seit bereits zehn Jahren gibt, ohne dass sich an der Relation Frauen zu Männern in Führungspostionen oder in Vorstandsetagen und Aufsichtsräten etwas Grundlegendes geändert hätte – es sind in absoluten Zahlen immer noch nur 78 Frauen unter den 500 Aufsichtsräten der DAX-Konzerne – , scheint Kristina Schröder kalt zu lassen.

Vermutlich will sie gar nicht erreichen, dass sich die Quote auf diesen Ebenen merklich erhöht, sondern nur sichergehen, dass sich die Konzerne freiwillig bereit erklären, auf dem Papier etwas an der Unterrepräsentation von Frauen zu tun – damit sie sich rühmen dürfen, sich zumindest ein Stückchen bewegt zu haben. Dass sich Kristina Schröder damit zufrieden gibt, bestätigt einmal mehr ihre Fehlbesetzung auf einem Posten, in dem es um die Durchsetzung der Rechte von Frauen und familien- und kinderfreundliche Politik geht, und nicht um eine möglichst widerstandslose

Übereinkunft mit Arbeitgebern, um die Parteinahme für männliche Schüler oder um den Kampf gegen die vermeintliche Diskriminierung von deutschen Schulkindern – Dinge, für die sie sich in der Vergangenheit stark gemacht hatte.

Dass Schröder ihre Position wiederholt für Initiativen genutzt hat, denen es an konkretem Bezug zu ihrem Ressort fehlt, mag man ihr als kreative Auslegung ihrer Aufgaben zugute halten. Jedoch verwundert mit welcher Zielgenauigkeit sie jedesmal die gesteckten Intentionen verfehlt: Wenn es einer Frauen- und Familienministerin nicht mehr vorrangig um ihre Klientel, also die Frauen und die Familien geht, warum nennt sie sich nicht einfach in „Jungenministerin“ oder in „Freiwilligenministerin“ um? Dass auch die Selbstverpflichtung, zu der sie die Wirtschaft nun erneut wieder bewegen möchte, als sei sie eine neue Errungenschaft, auf einen Vorschlag der Wirtschaft selbst zurückgeht, wertet sie scheinbar keineswegs als prob-lematisch: Vor zehn Jahren kamen die Wirtschaftsvertreter damit einem Vorstoß der damaligen Frauenministerin Christine Bergmann unter Kanzler Gerhard Schröder entgegen, um eine gesetzliche Frauenquote zu verhindern.

Dass im Familienministerium bereits ein Gesetz in Vorbereitung ist, das die Frauenquote per Gesetz im nächsten Jahr einführen möchte, lässt die Flexiquote wie einen vorsichtigen und bedächtigen ersten Schritt in Richtung konsequenterer Durchsetzung von Frauenrechten erscheinen. Jedoch spricht sich die Frauenministerin selbst gegen eine gesetzliche Regelung aus, und befindet sich damit in guter Gesellschaft mit Sabine Leutheusser-Schnarrenberger und Philip Rösler. Bedenklich ist, dass die derzeitige Frauen- und Familienministerin in der Tat eher den Initiativen der Arbeitsministerin Ursula von der Leyen hinterherhinkt, die viel entschiedener auftritt, wenn es um Frauenrechte auf dem Arbeitsmarkt geht.

Dass Frau Schröder nun die Mittel der Wirtschaftsvertreter benutzt, um bessere Frauenrepräsentation zu erreichen, wirkt ein bisschen so als wolle sie den Teufel mit dem Beelzebub austreiben: denn eine bereits ungünstige Situation durch das noch ungünstigere Mittel der Selbstverpflichtung beheben zu wollen, kann die Lage nur verschlechtern. Denn künftig können die Wirtschaftsvertreter mit Verweis auf die Freiwilligkeit einfacher darauf rekurrieren, warum eine Frau vermeintlich ungeeigneter sein könnte als ein Mann. Solange nicht gleichzeitig eine familienfreundlichere Regelung anvisiert wird, werden die Frauen auch weiterhin den Kürzeren ziehen.

## Europa nach der Einigung

Kaum durfte man sich freuen, dass es auf dem Brüsseler EU-Gipfel zu einer Einigung, wenn auch ohne den Spielverderber Großbritannien, gekommen war, wurden erste Stimmen laut, die geplanten Vertragsänderungen seien mit dem deutschen Grundgesetz unvereinbar, wie Bundestagspräsident Norbert Lammert zu bedenken gab. Dann vielleicht doch eher Deutschland als Spielverderber und die Briten wohlmöglich lediglich als Nachzügler? Tony Peterson vom „Independent" spekulierte in der Tat, dass die Briten es sich noch einmal überlegen könnten.

Dass mögliche Austrittsszenarien Großbritanniens aus der EU tatsächlich Gift für die beiderseitigen Wirtschaftsbeziehungen bedeuten könnten, haben bereits nicht nur einige weniger euroskeptisch eingestellten Politiker auf der Insel bemerkt, sondern zahlreiche Festland-Politiker, die die neue „splendid isolation" der Briten bedauernswert und töricht fanden. Welche Karte David Cameron nun wohl ausspielen mag in seiner festgefahrenen Position zwischen den Hardlinern innerhalb seiner konservativen Partei und den 26 übrigen Regierungschefs? Vielleicht die „special relationship" mit den USA, die Winston Churchill einst 1946 verbal bekräftigte?

Angela Merkel darf sich derweil freuen, dass ihr Verhandlungsgeschick als Erfolg deutscher Stärke und Führung gefeiert wird, von der es – wie es bekanntlich so mancher polnische Politiker bemerkte – eher mehr geben müsse als zu wenig. Jeder Politiker, der Deutschlands Führungsrolle in diesen Tagen zu sehr exponiert, muss indes damit rechnen zuhause einen Rüffel verpasst zu bekommen, denn mit der Hegemonialstellung Deutschlands ist historisch nicht zu spaßen. Ob Nicolas Sarkozy in diesem Szenario nun der „Dackel der Kanzlerin" oder „der Louis de Funès der europäischen Politik" genannt wird, spielt offensichtlich nur insoweit eine Rolle, als dass die Franzosen bereits wenig *non-chalant* zur Kenntnis nehmen müssen, dass es in Deutschland wirtschaftlich besser läuft.

In der Diskussion um die wahren Ursachen der Krise jedoch haben diejenigen Bedenkenträger recht, die darauf hinweisen, dass es nicht der Umbau des Sozialstaates, sondern die Bankenkrise war, die die Verschuldung in die Höhe trieb. Dabei schieben sich Europa und die USA gegenseitig den schwarzen Peter zu: aus Europa tönt es, die Krise sei in den USA entstanden und verursacht worden, aus umgekehrter Richtung schallt es umgekehrt.

Die Skepsis jedenfalls scheint angebracht, ob nun mit dem Postulat des Sparens in Europa à la schwäbische Hausfrau das Heilmittel gegen die Krise gefunden ist, denn solange damit nicht neue notwendige Investitionen einhergehen, werden die Rufe, dass eine weltweite Rezession drohe, lauter. Dabei behalten diejenigen wohl recht, die betonen, dass es mit einer bedingungslosen Wachstumspolitik im bisherigen Stil nicht weitergehen kann. Denn irgendwann sind die Märkte – und auch die Verbraucher – so gesättigt, dass sie träge werden. Es müssen neue Konzepte diskutiert werden, die sich von den alten Rezepten verabschieden, von denen bislang nicht erwiesen ist, dass sie die richtigen waren im Sinne einer zukünftigen Politik, die mehr nationale Souveränität abtreten muss.

## Des Kaisers neue Kleider

Darf ein Bundespräsident keine Freunde haben? Sie gar besuchen?

Das Problem Christian Wulffs ist nicht, dass er Freunde hat, sondern, dass er von ihnen wiederholt Geschenke angenommen und Vorteile genossen hat, die ihm die Position, die er innehat, dem Amtsverständnis nach verbietet. Das Amtsverständnis nämlich lautet, dass der Bundespräsident als moralisches Vorbild dienen soll. Wie soll man den Bürgern verständlich machen, dass ein Präsident Vorteile bei der Kreditvergabe für sein Haus erhält und dass alle anderen ihren Traum vom Eigenheim mit dem marktüblichen Zinssatz hart erarbeiten müssen (es sei denn sie haben dabei selbst geschummelt?), während der Bundespräsident vorwiegend reist, Delegationen empfängt und Medaillen umhängt? Und warum bitte soll das Gehalt eines ehemaligen Ministerpräsidenten und jetzigen Bundespräsidenten nicht dafür ausreichen, den marktüblichen Zinssatz zu zahlen? Nur weil eine Scheidung dazwischen kam?

Es ist schwer nachvollziehbar, dass Christian Wulff immer wieder in den Ferienvillen einflußreicher Unternehmer Urlaub machte und diese als Besuche bei Freunden darstellt, so als sei er gar keine öffentliche Person mit hoher Verantwortung und internationaler Außenwirkung. Es entsteht der Eindruck als würde Wulff sein Privatleben einfach mal so auf dem internationalen Parkett weiterführen und gar keinen Unterschied zwischen Privatperson und öffentlichem Amt machen. Jeder wird Verständnis dafür haben, dass ein Bundespräsident eben auch eine Privatperson ist, die gerne Zeit mit ihren Freunden verbringen möchte. Aber in der Causa Wulff ist es so, dass die Trennlinie zwischen Öffentlichem und Privaten gar nicht gezogen wurde. Und zwar von Christian Wulff selbst. Ihm entglitt das Feingefühl dafür – wenn er es denn je gehabt hat –, wie es in der Öffentlichkeit ankommen mag, wenn man sich immer wieder in der Aura reicher, einflußreicher Unternehmer sonnt, ja damit angibt, mit ihnen liebkind zu sein. Es mag den einen oder anderen beeindrucken, den kritischen Bürger muss es eher abstoßen zu sehen, dass da einer den hohen Wert "Freundschaft" so dermaßen entwertet, indem er ihn zu seinem eigenen ökonomischen Vorteil umdefiniert. Ich nehme Geschenke an, also bin ich.

Christian Wulff befindet sich im Märchen "Des Kaisers neue Kleider". Es handelt von einem Herrscher, der sich von zwei Betrügern für viel Geld neue Gewänder weben lässt. Diese machen ihm weis, die Kleider seien nicht gewöhnlich, sondern könnten nur von Personen gesehen werden, die ihres Amts würdig und nicht dumm seien. Tatsächlich geben die Betrüger nur vor zu weben und dem Kaiser die Kleider zu überreichen. Aus Eitelkeit und innerer Unsicherheit erwähnt der Kaiser nicht, dass er die Kleider selbst auch nicht sehen kann und auch die Menschen, denen er seine neuen Gewänder präsentiert, täuschen Begeisterung über die scheinbar so schönen Stoffe vor. Der Schwindel fliegt erst auf, als ein Kind ausruft, der Kaiser habe gar keine Kleider an.

Lange Zeit scheint niemand widersprochen zu haben, während Wulff als nackter Kaiser über die Teppiche dieser Welt wandelte und mit seiner Frau Bettina Deutschland repräsentierte. Vor die Entscheidung „Ansehen und Wohlstand oder Wahrheit" gestellt, hat sich Wulff letzten Endes gegen die Wahrheit und für die materiellen und ökonomischen Vorteile entschieden, und deshalb versuchen nun die Blätter dieser Republik ihn zu stürzen. BILD, Spiegel und Stern berichten unermüdlichen von der Salamitaktik und von den *faux pas* des Bundespräsidenten, der so wenig staatsmännisch war, dass man sich an seine Reden mit einer Ausnahme kaum erinnern kann.

## Von Bundespräsidenten und anderen Menschen

Worin kann ein Bundespräsident Vorbild sein? Wenn man sich einmal die Aufgaben ansieht, die einem Bundespräsidenten zukommen, findet man da nicht viel, was diese Frage beantworten könnte: neben der Ernennung und Entlassung von Ministern und dem Unterzeichnen von Gesetzen sind das Delegationen und Staatsgäste empfangen, Urkunden und Orden überreichen, Reden halten. Werte soll er vermitteln, aber was davon kommt beim Volk auf welchem Wege an? Von Christian Wulff hat man in dieser Hinsicht jedenfalls nicht viel mitbekommen. Das kann natürlich daran gelegen haben, dass er so viele Urlaube an entlegenen Orten bei befreundeten Unternehmerfamilien verbracht hat und eher darauf bedacht war, wie er wo Geld sparen konnte. Diesen einen Wert muss man ihm zumindest zugute halten: als Schnäppchenjäger hat er sich darum verdient gemacht, nach den möglichst günstigsten Angeboten Ausschau zu halten und sich mit seinen Freunden ablichten zu lassen. Das gehört dazu, wenn man aller Welt zeigen will, mit welch einflussreichen Männern man Umgang pflegt und wie beliebt man dabei ist. Vermutlich ist das sein Verständnis von Repräsentation, einer der wichtigsten, wenn nicht die wichtigste Aufgabe des Bundespräsidenten.

Nun ist es ja nicht so, dass er der einzige wäre, bei dem Verfehlungen festgestellt werden. Seinen Vorgängern und anderen Politikerkollegen hat man zuhauf Fehlverhalten nachgewiesen, um sie zu Fall zu bringen oder selbigen zumindest zu beschleunigen. Die meisten haben geläutert an anderer Stelle weitergemacht. Der Aufschrei ist bei Wulff aber besonders groß, weil er zu den Politikern zählte, die sich Glaubwürdigkeit, Ehrlichkeit und Volksnähe unübersehbar ans Revers geheftet hatten. Daran wird man unweigerlich gemessen und macht sich dadurch umso unglaubwürdiger, wenn man den eigenen Vorgaben nicht standhält. Weil es den Anschein hat, dass dieser Tage die Bedeutung des Amtes maßlos überschätzt wird und so getan wird, als seien Politiker eine andere Spezies, drängt sich eine gewisse Heuchelei in der Debatte auf: die meisten Deutschen finden laut Umfrage gar nichts dabei sich Geld, wenn auch sehr viel Geld, von einem Freund zu günstigen Konditionen zu leihen. Aber die Frage steht im Raum: hat ein ehemaliger Ministerpräsident und jetziger Bundespräsident sowas nötig? Ohnehin kann er auf großem Fuß leben und muß für kaum etwas bezahlen. Ist es da vonnöten, einen günstigen Kredit so einzufädeln, dass möglichst nicht auffliegt, welches Arrangement man damit eingegangen war? Vermutlich hätte in der Tat jeder Bankazubi dumm aus der Wäsche geguckt, wenn er einen derart hohen Betrag eines Unternehmers auf Wulffs Konto hätte überweisen müssen und womöglich dem nächstbesten Journalisten gesteckt, dass da irgendwas nicht stimmt.

Christian Wulff hat einmal gesagt, der Islam gehöre zu Deutschland. Damals wurde ihm hoch angerechnet, dass er sich damit um die Integration von Muslimen verdient gemacht habe. Angesichts der Ermittlungen in der rechten Szene hat dieser Satz natürlich eine ungeahnte Aktualität erlangt, aber gleichzeitig auch offengelegt, mit welcher Oberflächligkeit er offensichtlich dahergesagt wurde. Was hat Christian Wulff eigentlich gemeint? Manche haben moniert, dass er da eine Selbstverständlichkeit geäußert habe angesichts der Präsenz zahlreicher Muslime im Land. Andere fragten besorgt, ob er damit im Umkehrschluß auch meinte, dass Deutschland zum Islam gehöre? Hätte er gesagt „Es ist eine Realität, dass es Menschen muslimischen Glaubens in Deutschland gibt, die friedlich bei uns leben und arbeiten. Für ihre bessere Integration müssen wir noch vieles leisten.“, wäre vielleicht deutlicher geworden, was gemeint gewesen sein könnte.

## Warum geht es dem Rechtsextremismus so gut?

Was in einem Fernsehkommentar recht eindeutig anklang, ist in der Tat bittere Realität. Während über Kompetenzverschiebungen im Innenministerium nachgedacht wird, verhält es sich draußen im Lande so, dass Bürgerbegehren und daran Beteiligte diffamiert werden, weil sie sich für die Beibehaltung des Namens "Schlossplatz" für Münsters größtem innerstädtischen Platz einsetzen. Dieser ist nach einem der maßgeblichsten Steigbügelhalter Adolf Hitlers benannt – General von Hindenburg.

In einem der Städte des Westfälischen Friedens tobt mehr als nur eine Provinzposse. Die Gegner der Beibehaltung argumentieren, dass Hindenburg keine andere Wahl gehabt habe als der Benennung Hitlers zum Reichskanzler im dritten Wahlgang zuzustimmen. Die Befürworter verweisen auf Hindenburgs bereits unrühmliche Rolle bei der Schlacht von Tannenberg und die europäischen Soldatenopfer des 1. Weltkrieges, die die des Zweiten bei weitem übertrafen.

Vielleicht muß man sich nicht wundern in einem Land, in dem es laut einer Studie um die Geschichtskenntnisse von Jugendlichen schlecht bestellt ist. Demnach wissen viele zwischen Diktaturen und Demokratien nicht zu unterscheiden, ganz zu schweigen von der richtigen Einordnung einzelner historischer Figuren und Fakten. Ist das den Lehrplänen (also den Kultusministerkonferenzen), den Geschichtslehrern oder dem Zeitgeist anzulasten? In der Tat verbringen viele ihre Zeit lieber mit Videospielen, Facebook und verständlicherweise Gleichaltrigen und planen ihre Karrieren eher nach Kassenlage. Bücher zu lesen, die Auskunft geben über die Vergangenheit stehen vermutlich noch schlechter im Kurs als die über die Gegenwart, vielleicht abgesehen von Thilo Sarrazins Bestseller und anderen.

Dass viele Deutsche bequeme Vorurteile weiter hegen und Sarrazin insgeheim oder offen recht geben, hat vielleicht mit einer Geschichtsvergessenheit, aber ganz sicher mit einer Ignoranz zu tun: man vergißt in der Regel nicht, woher man stammt, und woher man stammt, hat unmittelbar damit zu tun mit welchen Vorurteilen man konfrontiert wird: der nationalistische Deutsche beispielsweise, mit dem auch Angela Merkel in karikierter Form während der Eurokrise immer wieder in Verbindung gebracht wird. Während Deutschland eines der kosmopolitischsten Länder der Erde geworden ist, mit einer sehr heterogenen Bevölkerungszusammensetzung, hat es es nicht geschafft seine prinzipielle Toleranzfähigkeit unter Beweis zu stellen.

Wenn man die Bilder und Fakten aus Rostock-Lichtenhagen von vor 20 Jahren wieder vor Augen geführt bekommt, entsteht der Eindruck eines Landes, das das alles hinter sich gelassen habe. Tatsächlich ist es aber so, dass beispielsweise in NRW jeden zweiten Tag eine Tat mit rechtsextremistischem Hintergrund begangen wird. Und NRW ist bekanntlich nicht der Osten Deutschlands, der in dieser Hinsicht am meisten verteufelten Region der Republik: so als habe der Westen das Problem längst gelöst. Das Gegenteil ist der Fall, was sich an den Razzien der vergangenen Tage recht anschaulich beobachten ließ. Sie förderten zutage wie gut die rechte Szene mit zum Teil demokratisch legitimierten rechten Parteien vernetzt ist. Und warum muß man in Fußballstadien vor vielen wichtigen größeren Spielen oder bei Eröffnungen unermüdlich darauf aufmerksam machen, dass man sich vom Rassismus distanziert? Weil Anti-Rassismus hierzulande – wie auch andernorts – noch längst keine Selbstverständlichkeit geworden ist.

Es versteht sich eben nicht von selbst, dass die Deutschen fremdenfreundlicher geworden sind, wenn sie gleichzeitig um die Sicherheit ihrer Jobs und den Umfang ihrer Portemonnaies fürchten. Auch wenn ich zunehmend finde, dass das Gros der deutschen Bevölkerung nicht ausländerfeindlicher ist als andere Nationen, bin ich davon überzeugt, dass man den Umgang mit der Vergangenheit noch intensiver einüben könnte, beispielsweise indem man über den Gedenkstättentourismus hinausdenkt. Und der Geschichtsunterricht konnte offensichtlich wenig daran ändern, dass eine Grundhaltung bestehen geblieben ist, die immer noch von der prinzipiellen

Gleichbehandlung Deutschlands in der Welt ausgeht, was viele Außenpolitiker zum Glück anders sehen: Deutschland genießt in der Tat viele Privilegien, angefangen von einer boomenden Wirtschaft mitten in der Eurokrise bis hin zu einem weitgehend gut funktionierenden Gesundheits- und Bildungssystem.

Zu welchem Preis aber Deutschland seine Erfolge erzielt, sind die wenigsten zu fragen bereit, doch genau das wäre an der Zeit. Der Preis lautet Konsumversessenheit auf Kosten von Umwelt- und Humanressourcen, nachfolgender Generationen und deren Lebensqualität. Der Preis lautet auch: die Verdrängung der eigenen historischen und politischen Rolle und Verantwortung in der Welt in den Kreisen zumindest, die von der Vergangenheit nichts wissen wollen, zumindest nicht so wie sie wirklich gewesen ist.

## Europa als Friedensstifter ?

Manche wähnten einen Scherz im Anflug als sie von der Nachricht hörten: Der Friedensnobelpreis 2013 geht an die Europäische Union.

Dabei ist April längst vorbei. Habe ich was verpasst?, dachte sich so manch einer: ist die EU ausgerechnet für ihre Friedenspolitik weltweit geachtet? Oder war es nicht doch eher die Wirtschaftspolitik, für die sie bekannt ist, und die oft abstrus anmutenden Verordnungen, die die Längen von Bananen und ähnlichen Gewächsen reglementieren? Dieser Verein, über den in Deutschland alle schimpfen, weil keiner so genau weiß, was die dort tagein tagaus eigentlich so machen? Gewiss ist man sich indessen, dass EU-Bedienstete überbezahlt sind, wenn man sich einmal die Durchschnittseinkommen in Deutschland und andernorts ansieht.

Konferenzen finden dort statt, Berichte werden vorgestellt, es wird im Parlament getagt und debattiert, Silvio Berlusconi trifft beispielsweise Martin Schulz und beschimpft ihn als KZ-Vorsteher, es werden auch andere Statements abgegeben, die meist unspektakulärer sind und ein wohlgenährter Spanier spricht immer mal wieder von Europas Bedeutung für Frieden und Freiheit. Das tat Helmut Kohl zeit seiner Amtsführung als Kanzler der deutschen und eben auch europäischen Einheit auch. Deshalb war er oft nominiert, hat den Preis aber nicht bekommen. Daher munkeln bereits einige Kommentatoren, er könne sich nun für seine Lebensleistung mitgeehrt fühlen.

Als die EWG – wie sie damals noch vollständig und richtig hieß, nämlich Europäische Wirtschaftsgemeinschaft – gegründet wurde, kamen sechs Länder zusammen: Deutschland, die Niederlande, Belgien, Frankreich, Luxemburg und Italien. Darunter waren also zwei Erzfeinde, die sich noch in den zwei Weltkriegen davor bitter bekämpft hatten. Insofern war es eine große Leistung, diese beiden Länder zu befrieden und damit den Frieden in Europa wenn auch nicht dauerhaft – wenn man einmal an den Jugoslawien-Krieg denkt – so doch länger als je zuvor zu sichern. Geehrt wird somit auch die Idee des Friedens und die Zielsetzung der EU, an der sie beständig arbeitet.

Aber hätte man den Friedensnobelpreis dann nicht besser **damals** an die EU vergeben? Mutet er heute nicht eher etwas anachronistisch an, auch wenn inmitten Europas schon längst kein blutiger Krieg mehr tobt? Man muss eben unterscheiden zwischen einer proaktiven und einer passiven Haltung zur Friedensfrage: Europa als ganzes und als Institution führt keinen Krieg – das ist schon richtig. Gesichert scheint der Frieden in den eigenen Grenzen vorerst auch, wobei nirgends so viele Atombomben gebunkert sind wie bei uns in Europa und vor allem in Deutschland.

Allerdings gehen nirgends so viele Rüstungsexporte in die Welt wie von hier aus, womit man sich mit den USA in unguter Gesellschaft befindet. Auch profitiert die EU am meisten davon, dass eben genau andernorts Krieg geführt wird, um ihre eigene Sicherheit zu gewährleisten. Und sie schottet sich oft mit unlauteren Mitteln und solchen, die mit den oft gepriesenen Menschenrechten, die sie so hochhält, nichts zu tun haben, gegen diejenigen ab, die darunter leiden. Ob es sich nun um Wirtschaftsflüchtlinge oder solche die vor Krieg und Bedrohung von Leib und Leben flüchten, handelt – wobei allein die Unterscheidung schon absurd wirkt.

Wäre ich im Nobelpreiskomitee gewesen, hätte ich vermutlich die russische Punkband Pussy Riot nominiert und damit die zwei Mütter, die nun ins Straflager sollen, freigekauft. Und den Rest des Geldes hätte ich vielleicht an "Ärzte ohne Grenzen" gespendet. Denn die machen eine wirklich sinnvolle Arbeit unter Einsatz ihres Lebens.

## Eine Baracke aus Glanz und Gloria

Barack Obama – ein zuweilen zum Messias verklärter Hoffnungsträger, ein Politiker mit Charisma und viel Vertrauensbonus, ein Familienvater mit Vorzeigekindern und -frau, denen er vermutlich den zweiten Wahlsieg in Folge verdankt. Denn selbst konnte er in den Duellen gegen Romney wenig glänzen und überzeugen, wirkte zuweilen unkonzentriert und abgekämpft. Ihm wird von seinen Anhängern jedoch ein Vertrauen entgegengebracht, das kaum ein anderer Politiker in den Staaten genießt, während ihn seine Gegner als Kommunisten und Muslim verteufeln.

Er beendete einen unliebsamen Krieg, nicht ohne zuvor mit aller Härte durchzugreifen und vor Drohnenangriffen zurückzuschrecken, die seinen Opfern keine Gegenwehr ermöglichen. Sein größtes Vorzeigeprojekt war die Krankenversicherung für alle, die jedoch immer noch nicht als Erfolg gefeiert werden kann, denn sie blieb in den optimistischen Erwartungen eher hängen als dass sie flächendeckend umgesetzt werden konnte. Noch immer ist sie zu teuer, und Amerika krankt weiterhin nicht nur an seinem Gesundheitssystem.

Bob der Baumeister hat viele Baustellen auf einmal zu meistern und es fragt sich, ob er nicht eher von Sympathiewerten profitiert als von echten Erfolgen. Fraglos schnitt er neben Mitt Romney insgesamt souveräner ab, als dieser in Fragen der Geographie patzte und dies auch mit flotten und ironischen Sprüchen nicht mehr wettmachen konnte. Barack Obama konnte durch Reden und durch seinen respektvollen Umgang mit dem Gegner punkten – ganz anders als seine Kontrahenten, die in der Anti-Obama-Kampagne vor fast nichts zurückschreckten, das ihn diskreditieren konnte.

Obamas größte Herausforderung wird die Konfrontation mit dem Iran werden und die seit ewigen Zeiten schwelenden Konflikte im Nahen Osten. Und auch China klopft als Weltmacht an die Tür und macht nicht nur wirtschaftlich Positionen streitig, die

die USA längst als exklusiv betrachtet hatten. Mit Russland haben es die USA mit einem verwandelten Partner zu tun, der ökonomisch beträchtlich aufgeholt hat und von dem viele Länder weiterhin oder erneut abhängig sind.

Was die Abrüstungsfrage betrifft hat Obama bislang viel geredet und wenig umgesetzt. Die Reduktion der Atombomben in Europa war eines seiner Ziele, während gleichzeitig im Weltraum aufgerüstet wurde und neue Schutzschilde errichtet wurden. Seine Glaubwürdigkeit eines Friedenspolitikers wird sich aber vor allem an der Abrüstungsfrage messen lassen müssen, auch wenn er es mit einer kaum weniger friedfertigen Welt zu tun hat, die für Abrüstung noch nicht reif sein könnte, wenn die Abschreckungsstrategie denn überhaupt aufgeht.

## Facebook – das Phänomen

In Zeiten von Facebook ist alles anders. Man greift nicht mehr zum Telefonhörer, um zu schauen, ob die Freundin telefonisch erreichbar ist. Nein, man schaut in Facebook, ob sie zum Chat zur Verfügung steht. Gleichzeitig befindet man sich in der Gesellschaft zahlloser anderer, die ebenfalls im Begriff sind auf den Seiten zu surfen, sich auszutauschen, eine Statuszeile zu erdichten oder einen Videoclip hochzuladen. Die Plattform ist zur Austauschbörse für alles mögliche geworden – vom morgendlichen Frühstücksritual bis hin zur politischen Präferenz. Politiker diskutieren mit, normale Bürger, Künstler und Musiker können auf ihren Fanseiten bestaunt werden und in Echtzeit kann man Konzertauftritte und -interviews mitverfolgen. Oft findet man interessante Artikel, die andere gepostet haben, und die man sonst nur durch mühsames Stöbern im Internet ausfindig machen könnte.

Oft verteufelt, als Datenkrake beschimpft und als Zeiträuber verunglimpft nutzen die Plattform in Deutschland doch inzwischen 20 Millionen User und etwa 800 Millionen weltweit. Die Zahl ist in den letzten Jahren stetig gestiegen und selbst Internetmuffel haben sich bekehren lassen, allein schon um mitreden zu können. Omas und Muttis sind dabei, wobei letztere häufig die Sorge plagt, ihrem Nachwuchs auf die Finger zu schauen.

Facebook ist ein Phänomen. Die datenschutzrechtlichen Bedenken sind inzwischen hinlänglich bekannt, was Facebook mit den Daten zu Marketingzwecken macht ebenfalls, und doch läßt sich kaum jemand davon abbringen, dem Ritual zu facebooken, nachzugehen. Wie erklärt sich diese Gefolgschaft? Ist es die Bewunderung für Mark Zuckerberg, der es geschafft hat, einen sozialen Austausch zu organisieren, wie er ohne Facebook nur schwer denkbar wäre? Einem Diskussionsforum anzugehören, an dem jeder teilhaben und mit wildfremden Menschen Meinungen und Ansichten austauschen kann? Live in Kontakt zu stehen ohne den Umweg über andere Medien gehen zu müssen?

Facebook schafft eine Atmosphäre der Kuscheligkeit, in der es einem kaum was ausmacht, wildfremden seine Meinungen kundzutun, mit denen man sonst kaum ein Wort auf der Straße wechseln würde. Man diskutiert über Themen, weil Facebook einen nach der Meinung fragt, man ist dabei, weil andere die Debatte anstoßen. In null komma nix ist man darüber informiert, was andere denken, was sie tun, wo sie sind und was sie mögen oder nicht. Daumen hoch und Daumen runter wird zur täglichen Volksabstimmung über Präferenzen und Abneigungen.

Aus Facebook lernen heißt sein Internetverhalten kritisch zu prüfen, um festzustellen, dass Abhängigkeiten entstehen, die sich unversehens einschleichen und die man nur schwer wieder loswird. Im Facebook-Zeitalter ist der was besonderes, der es schafft sich zu enthalten.

## Facebook, zum Zweiten

"Wer etwas auf sich hält ist nicht bei Facebook" sagte mal der Vater eines Nachhilfeschülers von mir und war eifriger Facebooker. Ebenso Sohnemann. Damals war ich noch ganz angetan von der Möglichkeit die eigenen für sehenswert erachteten Fotos und geistreichen Beiträge (sofern der inhärente Geist verstanden wurde) mit anderen zu teilen. Und vor allem wieder in Kontakt zu treten zu family and friends, von denen mehr als man denkt dem facebooken nachgehen.

Meine ersten Gehversuche auf Facebook waren indes auch ganz amüsant. Ich schrieb wie mir der Schnabel gewachsen war über Politik, Geschichte, Filme, Bücher und vieles andere, das mich beschäftigt oder zu meinen Hobbies zählt. Ich tauschte mich mit Menschen aus aller Welt aus, die ich zum Teil kannte oder zum Teil über Facebook besser kennenlernte.

Ganz dankbar war ich einer mir fremden Amerikanerin, die mich bezüglich ihres Ehemanns warnte, den ich auf meiner Archivreise in Chicago kennengelernt hatte. Dass dieser nicht ganz koscher war hatte mir meine Intuition allerdings schon rechtzeitig eingegeben und so ging ich auf Distanz. Seinem Wunsch mich in Münster zu besuchen gab ich statt, um danach den Kontakt vollends abzubrechen. Er sei angeblich auf Durchreise nach England, und könne der Versuchung nicht widerstehen mich in meiner damaligen Heimatstadt zu besuchen. Mein Freund fand ihn ganz amüsant und so gingen wir in Münsters Altstadt ein Bier trinken und damit hatte es sich.

So nach und nach wurde ich facebook-faul. Mir missfiel wie Facebook sich auf meine Launen auszuwirken begang. Mal war ich ganz euphorisch, wenn schöne Reaktionen kamen, mal zu Tode betrübt, wenn andere ganz missgelaunt kommentierten, was ich so alles von mir gab. Da ich mein Herz auf der Zunge trage, war das so einiges. Ich schrieb auch Fernsehsendungen und wurde allmählich zur Facebook-Expertin.

Für die „taz“ schrieb ich einen Beitrag darüber, wie ich von Facebook wieder abgekommen bin, und zwar nicht allein wegen der Geheimdienste, die mir mal gestohlen bleiben können, sondern vor allem wegen mancher dubioser Gestalten und aufgrund der Tatsache, dass ich durch mein Nutzen der Plattform dem Gründer Marc Zuckerberg dabei helfe mit zum Teil dubiosen Werbemaßnahmen seine Milliarden zu scheffeln (nur Millionen sind es ja wahrscheinlich schon längst nicht mehr...).

Bei meinen Jobbemühungen war Facebook auch eher kontraproduktiv, wobei ich damit nicht unautorisierte Partyfotos oder die Denunziation vermeintlich ungewollten Verhaltens meine. Mein erster Bewerbungsversuch nach Abschluss meiner Doktorarbeit ging nämlich an eine Düsseldorfer Firma, die über Facebook inseriert hatte. Dort flog ich als Praktikanten wieder raus, obwohl ich mit am fleissigsten gearbeitet hatte. Glaubt noch irgendwer daran, dass man mit arbeiten reich werden kann, ohne krumme Dinger zu drehen. Also ich nicht – !

Allen, die Facebook weiter nutzen, würde ich wünschen, sie verbrächten ihre Freizeit oder die langweiligen Phasen im Büro produktiver und sinnvoller und nicht damit sich darüber zu informieren, was andere machen, sie zu entblößen oder zu verarschen. Leider ist das aber längst aus dem Ruder gelaufen, wie mir scheint.

Meine Entscheidung nicht mehr auf Facebook aktiv zu sein ist jedenfalls endgültig, auch wenn ich dabei vieles verpassen mag, das auch zu seinen guten und humoristischen Seiten zählt.

## Woodstock in Istanbul ?

Viele Kommentatoren sind sich einig, dass die türkische Republik noch nie eine so große Volksbewegung gesehen hat: Menschen aus allen Schichten und Altersgruppen, vorwiegend junge Menschen mit Bildungshintergrund, bestückt mit der türkischen Nationalflagge, Spruchbändern und Pfannen, strömen auf die Straßen des Landes, und den Taksim-Platz in Istanbul, wo ein Einkaufszentrum (AVM – die Abkürzung von Alisveris Merkezi) gebaut werden soll. Der Bürgermeister von Istanbul Kadir Topbas hingegen bekräftigt jedoch, dass es solche Pläne nicht gäbe – die Regierung bekundet eine Militärkaserne oder ein Stadtmuseum errichten zu wollen (Topcu Kışlası). Zu diesem Zweck soll das AKM abgerissen werden – das Atatürk-Kulturzentrum auf dem Taksim-Platz.

Mit viel Phantasie, Liedern und Slogans, die die Kreativität von Journalisten in den Schatten stellen, haben Hunderttausende ihrem Protest nach zehn Jahren AKP-Herrschaft mit "halay", einem landesüblichen Tanz, und Liedern, die die Beschimpfungen des Ministerpräsidenten auf die Schippe nehmen („çapulcu" – „Plünderer") Ausdruck verliehen. Eine Partei, die die Worte „Gerechtigkeit" und „Fortschritt" im Namen trägt, wird dafür verantwortlich gemacht, dass sie das Volk belogen und die Wirtschaftsdaten geschönt hat. Während Recep Tayyip Erdoğan davon spricht, dass die Türkei ihre Schulden beim IWF beglichen habe, werden Nachrichten gesendet, die davon berichten, dass die Türkei gerade wieder einen neuen Kredit beantragt hat. Vor allem die jungen Menschen wehren sich gegen die Bevormundung in Fragen der Familienplanung und der zu tragenden Kleidung.

Auf dem Taksim-Platz, wo auch die „antikapitalistischen Muslime" ihr Gebet unter freiem Himmel verrichten und mittlerweile Büchereien errichtet wurden, ist inzwischen ein „Revolutionsmarkt" („devrim market") eröffnet worden, der kostenlos

Lebensmittel und Getränke anbietet. Kommentatoren der republikanischen "Cumhuriyet" vergleichen die Proteste bereits mit der Pariser Kommune und Cem Özdemir – eigens aus Deutschland eingeflogen – steht jungen Journalisten Rede und Antwort. Während das Volk tanzt und singt, sind jedoch unzählige Opfer zu beklagen, die dem unverhältnismäßig brutalen Vorgehen der Polizei mit Wasserwerfern und Gasbomben zum Opfer gefallen sind. Es wird von drei Todesopfern (darunter der junge Abdullah Cömert) und unzähligen Verletzten berichtet. Erdoğans Reaktion auf die Kritik an dem Vorgehen „seiner“ Polizei lautete, dass schließlich jedes moderne Land diese Mittel anwende. Unter den Opfern von Gewalt befindet sich auch einer der Anführer der Besiktaser „Çarşı“-Gruppe, die sich gegen den Konsum und Verkauf von Alkohol im Gezi-Park stark gemacht hatte. Er wurde von einem Messerstecher attackiert und musste ins Krankenhaus eingeliefert werden.

Anders als das Staatsfernsehen TRT und die „gekauften“ Medien der Medienmogule Ciner und Doğan senden IMC, Halk TV, Yol und Hayat alternative Podiumsdiskussionen mit Künstlern, Intellektuellen und Dozenten, die die Proteste soziologisch und historisch einordnen. Dabei wird klar, dass es der Mehrheit vorwiegend darum geht die republikanischen Werte Atatürks gegen eine als faschistisch titulierte Diktatur der AKP zu verteidigen und ihrer Sorge um die Zukunft des Landes Ausdruck zu verleihen. Viele weisen darauf hin, dass sie das Erbe Atatürks in Gefahr sehen und dass sie sich als Türken von Erdoğan nicht vertreten, ja sogar beleidigt fühlen. Zuletzt hatten viele Aleviten darauf hingewiesen, dass sie sich durch die Namensgebung „Sultan Selim Köprüsü“ für die geplante dritte Bosporus-Brücke verletzt sehen, da Sultan Selim für den Tod unzähliger Aleviten am Fluss Kizilirmak verantwortlich gemacht wird. Längst haben die Proteste auch deutsche Städte mit einem großen Anteil türkischer Mitbürger, darunter vor allem Dortmund, Oberhausen, Frankfurt, Köln und Berlin und andere europäische Städte wie Brüssel erreicht.

Bei den Protesten beeindruckt vor allem das Bekunden vieler, solange protestieren zu wollen bis die Regierung abdankt. Währenddessen ließ sich Erdoğan nach seiner

Rückkehr aus Marokko und Tunesien, wo er die Ehrendoktorwürde erhielt, in Adana von seinen Anhängern feiern und beleidigte weiterhin die Demonstrierenden als Plünderer und Marodeure, obwohl die große Mehrheit ganz friedlich demonstriert. Öl ins Feuer hatte kürzlich der Führer der Sozialdemokraten (CHP) Kemal Kılıçdaroğlu gegossen, indem er Erdoğan mit dem syrischen Diktator Esad verglichen hatte, woraufhin Erdoğan vor Gericht eine Entschädigung von 100.000 Lira forderte. Derweil erregte auch Aufsehen, dass ein sozialdemokratischer Abgeordneter sitzenden Demonstranten, die Ministerpräsident Erdoğan mit Slogans auf die Schippe nahmen, Geldscheine zusteckte. Erdoğan hatte zuvor einen der ehemaligen Staatspräsidenten der Türkei, Ismet Inönü, und Kemal Atatürk als "zwei Alkoholiker" bezeichnet.

Im Gegensatz zu Erdoğan fährt Staatspräsident Gül einen moderateren Kurs und bekundet, die Aussage der Demonstrierenden verstanden zu haben. Der Forderung der nationalistischen MHP nach Neuwahlen hingegen wurde eine Absage erteilt. Vorgesehen sind die nächsten Wahlen im März 2014.

## Erwachen im Gezi-Park

Lange Zeit sah es so aus, als hätte diese Jugend nichts, wofür es sich zu kämpfen lohnte. Nun haben junge Menschen in der Türkei auf den Straßen des Landes demonstriert zu welchen Protestformen sie in der Lage sind. Auch wenn dabei Autos umgeworfen wurden und brannten, war und ist es ein vorwiegend friedlicher Protest aus Liedern, Slogans und Tänzen, der ohne Anführer auskommt. Entzündet hatte sich das Ganze an dem Vorhaben der AKP-Regierung ein Einkaufszentrum (AVM) im Gezi-Park des Taksim-Platzes in Istanbul anstelle des Atatürk-Kulturzentrums zu errichten. Zu diesem Zweck sollten zahlreiche Bäume umgepflanzt werden. Allerdings dementierte der Istanbuler Bürgermeister Kadir Topbaş dies und bekundete, dass eine Militärkaserne oder ein Stadtmuseum gebaut werden sollten. Von Ministerpräsident Recep Tayyip Erdoğan war auch zu hören, dass man beabsichtige dort eine Moschee zu errichten.

Gegen diese Bauvorhaben und mit grünem Bewusstsein strömten immer mehr Menschen auf die Straßen und vor allem den Taksim-Platz in Istanbul. Fast gleichzeitig gingen auch Türken in Ankara, Adana, Izmir, Eskişehir, Bursa, Zonguldak und andernorts demonstrieren. Auch wenn Gewerkschaftsvertreter, Sozialdemokraten und Kommunisten dabei waren, waren die Proteste vorwiegend spontan und standen nicht unter der Leitung einer bestimmten Organisation. Mit Slogans wie „Dank´ ab, Tayyip!“, „Taksim ist überall, Widerstand ist überall“ und „Schulter an Schulter gegen den Faschismus“ kamen unterschiedlichste Menschen zusammen. Sie einte die Sorge, dass das Land mit der AKP-Regierung immer mehr in Richtung Diktatur driftet.

Manche bauten Zelte im Gezi-Park auf, in denen sie übernachteten und die teilweise von der Polizei angezündet wurden. Dozenten begannen ihre Vorlesungen unter freiem Himmel anzubieten, darunter auch der Mathematikprofessor Ali Nesin, Sohn des bekannten türkischen Schriftstellers Aziz Nesin. Eine Zeitlang herrschte eine Festival-Stimmung im Gezi-Park, die von dem brutalen Vorgehen der Polizeikräfte, die Gasbomben, Pfefferspray und Wasserwerfer einsetzten, aufgelöst werden sollte. Zuletzt verbreitete sich die Protestform des „stehenden Mannes", die von einem türkischen Tänzer initiiert wurde, der sich vor das Atatürk-Kulturzentrum stellte und, mit Gasmaske im Rucksack und ein wenig Proviant ausgestattet, stundenlang schweigend davor stehen blieb. Die Polizei konnte ihm nur den Satz entlocken: „Sie lassen die Menschen nicht mehr auf den Taksim-Platz." Unzählige Türken ahmten ihn im ganzen Land nach, und Bülent Arinc, der Stellvertreter des Ministerpräsidenten, bekundete, ob diese Menschen denn keine Rückenschmerzen bekämen, arbeiten gehen oder auf Toilette müssten. Es sei vernünftiger statt acht Stunden lieber nur acht Minuten zu stehen. Die Regierung akzeptiere diese Protestform allerdings und habe nicht vor, dagegen vorzugehen.

Als die Proteste begangen, befand sich Ministerpräsident Recep Tayyip Erdoğan auf einer Auslandsreise in Marokko und Tunesien. In Tunesien erhielt er die Ehrendoktorwürde einer Universität und wurde von dortigen Muslimen gefeiert. Bei seiner Rückkehr ließ er sich zunächst von seinen Anhängern in Adana zujubeln und rief ihnen zu, dass die Demonstranten im Gezi-Park „Plünderer", „Marodeure" und „Terroristen" seien, die die öffentliche Ordnung des Landes störten und es in Schutt und Asche legen wollten. Das grüne Bewusstsein und die Bäume seien nur ein Vorwand. Zum Istanbuler Meeting wurden eigens AKP-Anhänger auf Parteikosten angekarrt. Denjenigen unter ihnen, die nicht teilnehmen wollten, wurde gedroht, dass sie ihren Job verlieren würden.

Kemal Kilicdaroglu, der Anführer der Sozialdemokraten, nahm die Demonstranten in Schutz und beglückwünschte sie dafür, dass sie jetzt schon gewonnen und der Ministerpräsident verloren habe. Sie hätten sich als „Kinder Kemal Atatürks" bewährt. Tatsächlich gaben viele der Protestierenden als Motivation an, das Erbe

Atatürks in Gefahr zu sehen und sich von Recep Tayyip Erdoğan und seiner Partei nicht vertreten, ja beleidigt zu fühlen. Erdoğan selbst bekundete, dass er häufig als derjenige bezeichnet werde, der sich seine Stimmen mit Kohle und Zucker gekauft habe. Wenn es so einfach sei, so Erdoğan, dann sollten seine Gegner es ihm doch einfach nachmachen. Kılıçdaroğlu hatte ihn zuvor mit dem syrischen Diktator Assad (bzw. Esad) verglichen, woraufhin Erdoğan vor Gericht eine Entschädigung von 100.000 Lira forderte. Das Gericht entschied allerdings zugunsten von Kılıçdaroğlu.

Bülent Arınç versuchte indes die Wogen zu glätten und erklärte öffentlich, dass aus den Protesten eine Lektion zu lernen sei und man sich gerne darauf aufmerksam machen ließe, was man versäumt habe. Auch Staatspräsident Abdullah Gül lenkte ein und gab zu, dass das Vorgehen der Polizei unverhältnismäßig brutal gewesen sei. Der Gouverneur von Istanbul Hüseyin Avni Mutlu erklärte sich bereit mit den Demonstranten zu reden, antwortete jedoch kaum auf deren Fragen und viele der Teilnehmenden erklärten anschließend ihren Unmut darüber. Inzwischen erklärte der Istanbuler Bürgermeister Kadir Topbaş, dass künftig bei allen Vorhaben, die die Stadt beträfen, das Volk vorher befragt werden solle.

Derweil haben die Proteste internationale Dimensionen erreicht. Recht schnell kamen Demonstranten, vorwiegend türkischer Herkunft oder alevitischer Konfession in Deutschland zusammen, vor allem in Dortmund, Oberhausen, Köln, Frankfurt und Berlin, aber auch in Brüssel, London, Mailand, New York, Rio de Janeiro und Paris. Die Aleviten protestieren dagegen, dass die geplante dritte Bosporus-Brücke „Sultan Selim Köprüsü“ genannt werden soll, denn Yavuz Sultan Selim wird für den Tod vieler Aleviten (man schätzt 40.000) verantwortlich gemacht. Auch das Europäische Parlament reagierte mit einer Verurteilung des Vorgehens der Polizei im Gezi-Park und der Literaturnobelpreisträger Orhan Pamuk äußerte auf einer Konferenz in Florenz seine Sympathie mit den Demonstranten. Ähnliche Stimmen wurden auch in Oxford geäußert, wo Professoren einen offenen Brief schrieben. Die AKP-Regierung hingegen nahm die Proteste zum Anlass mehrere Dutzend Linksextreme, die einer illegalen Organisation angehörten, zu verhaften und in Polizeigewahrsam nehmen zu lassen. Inzwischen wurden viele von ihnen dem Richter vorgeführt.

Die Bilanz der Proteste, bei denen mehr als 130.000 Gasbomben eingesetzt wurden, ist verheerend: fünf Tote, Tausende Verletzte und zahllose Fest-nahmen. Den Schaden beziffert die Regierung auf 100 Millionen Lira und klagt bereits über den Rückgang in der Tourismus-Branche und das Absagen vieler Konzert-Vorhaben in Istanbul. Deutschland legte angesichts des Vorgehens der türkischen Regierung gegen die Demonstrierenden ein Veto gegen die EU-Beitrittsverhandlungen ein, was der EU-Beauftragte der türkischen Regierung, Egemen Bağış, mit den Worten kommentierte, dass man die Verhandlungen beginnen solle wie ein Türke und beenden wie ein Deutscher, womit er sagen wollte, dass die Verhandlungen zu einem ordentlichen Abschluss gebracht werden sollten. Auch Angela Merkel hatte ihr Entsetzen gegenüber dem Vorgehen der türkischen Polizei zum Ausdruck gebracht. In Köln protestierten derweil einige Kundgebung-Teilnehmer mit dem Hinweis, dass es schließlich Deutschland selbst sei, das die Türkei mit den dafür notwendigen Mitteln ausstatte. Damit ist der EU-Beitrittsprozess vorerst zum Stillstand gekommen.

## Das Abebben der Gezi-Park Proteste

Hat der Vorsitzende der oppositionellen CHP, Kemal Kılıçdaroğlu, sich zu früh gefreut, als er im Zuge der Proteste um den Gezi-Park sagte, die Demonstrierenden hätten jetzt schon gewonnen, Ministerpräsident Recep Tayyip Erdoğan von der AKP hingegen verloren? Wie konnte ein so breit-angelegter Protest in der Türkei wieder versanden, ohne dass ein massgeblicher Politikwechsel zustande kam? Hat es doch nicht ausgereicht, sich um das Thema „Rettung des Kemalismus" vor einer schleichenden Islamisierung, die immer offensiver vertreten wird, zu scharen? War der oft als unideologisch gelobte Protest so führungslos, dass keine Forderungen durchgesetzt werden konnten? Außer Lippenbekenntnissen, wie dem, dass zukünftig die Bevölkerung Istanbuls bei allen geplanten Projekten vorher befragt werden soll, gibt es bislang nur Schall und Rauch, Tote, Tausende Verletzte und unzählige Festnahmen. Ein ganzes Land twittert sich ins Koma.

Erdoğan konnte erfolgreich demonstrieren, wie stark sein Staat ist und wie gut er „seine" Polizei unter Kontrolle hat. Diese setzte Gewalt ein, ohne dass das Gros der Demonstrierenden zuvor provoziert hatte. Der Marsch auf den Dolmabahce Saray, umgeworfene Einsatzwagen und das angebliche Trinken von Alkohol in einer Moschee wurden zum Anlaß genommen, alle pauschal als „Marodeure" und „Plünderer" zu beschimpfen, obwohl mehrheitlich studierte junge Menschen, Intellektuelle und viele Akademiker unter den Demonstrierenden waren.

Worum geht es Erdoğan? Er wird nicht müde zu betonen, dass es Kräfte gäbe, die keine starke Türkei wünschten, und er verweist immer wieder auf die „Zinslobby" ohne dabei Namen zu nennen. Meint er den ungarischen Milliardär Soros, Finanzberater in den USA, die „City" in London, die Wallstreet, den IMF oder die Weltbank? Dem türkischen Ministerpräsidenten liegt es am Herzen, sein Land als starke Kraft im Nahen Osten nach innen und außen zu repräsentieren. Die einzige muslimische Demokratie geriert sich unter seiner Führung als Land mit Eigenschaften, die über einen blühenden Tourismus weit hinausgehen.

Erdoğan bemüht sich um die Lösung des Kurdenkonflikts, indem immer wieder neue Verhandlungen angesetzt werden, so sehr, dass manche ihn schon der Sympathie mit der PKK zeihen. Er lobt sich gerne selbst mit Verweis darauf, dass seit Monaten keine Todesnachrichten mehr aus dem Südosten des Landes kämen. Man feiert ein Wirtschaftswunder, dass sich aus Krediten des IMF speist, und verweist darauf, dass das Außenhandelsvolumen stetig steige.

Und während Ägypten mit einem Militärputsch zu kämpfen hat, äußert Erdoğan seine Unterstützung für Mohammed Mursi. Die Stoßrichtung ist klar: ein traditioneller Islam mit modernem Antlitz. In seinem Land lernt jedes Schulkind bereits mit einem ipad, syrische Flüchtlinge werden in großer Zahl aufgenommen und die Zahl der Professorinnen an Universitäten übersteigt diejenige in Deutschland. Dagegen wird offen darüber sinniert, dass Schwangere nicht in die Öffentlichkeit gehen sollten und dass man Unmut darüber empfinde, dass Jungen und Mädchen dieselben Treppen benutzten. Manche vergleichen die Türkei jetzt schon mit dem Iran und betonen, dass dort die Einführung der Scharia genauso angefangen habe.

Erdoğan provoziert und polarisiert. Die Benennung der geplanten dritten Brücke am Bosporus nach Sultan Yavuz Selim sehen viele Aleviten als direkte Beleidigung, da sie unter dessen Herrschaft im Osmanischen Reich in großer Zahl ermordet wurden. Die Linken beschimpft er gerne als Vaterlandsverräter und verweist darauf, dass sie Urlaub in ihren Yachten im Süden machten. Mittlerweile äußern einige Journalisten, ob man den Ministerpräsidenten nicht auf dessen Geisteszustand untersuchen sollte. Er selbst hat kein Problem damit, dass ihm vorgeworfen wird, er habe seine Stimmen gekauft. Sollen sie es ihm doch nachmachen, sagt er dann.

## Frischer Wind am Bosporus

Politisch ist derzeit einiges los im Land am Bosporus. "Bei Euch geht ja ganz schön die Post ab" wie eine Freundin kürzlich bemerkte. Nachdem nach Korruptionsvorwürfen bereits drei Minister ihren Hut nehmen mussten und vermutlich weitere folgen werden, wird derzeit heiß über die Rolle von Bilal Erdoğan, dem Sohn des Ministerpräsidenten, diskutiert.

Dieser hatte sich vor einiger Zeit mit dem von der UNO lange Zeit als Topterroristen gelisteten Saudi Yasin El Kadi in einem Istanbuler Luxushotel zu Unterredungen getroffen. Die Zeitungen haben dies mit entsprechenden Fotos und Dokumenten bereits belegt. El Kadi wird vorgeworfen, dass er seine geschäftlichen Kontakte dazu nutzt den internationalen Terrorismus zu finanzieren. Umso mehr verwundert, dass die UNO ihn von ihrer Liste wieder entfernt hat...!

In der Zwischenzeit wurde auch bekannt, dass einer der führenden Generäle der Türkei, İlker Başbuğ, am 6. Januar ein Buch mit seinen Memoiren veröffentlichen wird, in dem er der Regierung vorwirft, ihm zwei Jahre seines Lebens gestohlen zu haben. Denn diese Zeit saß er im Gefängnis, die er offensichtlich dazu nutzte sich einem Gewissenswandel zu unterziehen. Neuerdings schreibt er Gedichte, in denen er Nazim Hikmet, den wohl berühmtesten Volksdichter, der wegen seiner kommunistischen Überzeugung die meiste Zeit seines Lebens in Haft verbracht hat, rühmt.

Can Dündar interviewte hierzu den Leiter der Nazim-Hikmet-Stiftung, der zu verstehen gab, dass noch alles andere als klar sei, ob man Başbuğ damit vergeben werde. Dieser hatte sich deprimiert gezeigt, dass die Regierung ihm vorgeworfen hatte, am Ergenekon-Komplott beteiligt zu sein. "Ergenekon" steht für die Versuche der Regierung alle unliebsamen Zeitgenossen mit teilweise an den Haaren herbeigezogenen Vorwürfen hinter Gitter zu bringen. Mustafa Balbay, ein Leitartikler der republikanischen "Cumhuriyet", ist inzwischen wieder auf freiem Fuß.

Die Verwunderung ist derweil groß, denn im Hause mehrerer Minister wurden Schuhkartons [sic] mit vielen Millionen Dollar gefunden. Tayyip Erdoğan hatte während des Höhepunkts der Gezi-Park-Proteste gesagt, dass die Regierung Schwierigkeiten habe, die 50 Prozent zu hause zu halten, also diejenigen, die die AKP gewählt haben davon abzubringen, auf den Straßen mit den Regierungsgegnern zu demonstrieren. Nun witzeln alle, dass er vermutlich die Millionen in den Schuhkartons meinte...

## Frank Schirrmachers EGO

Frank Schirrmacher fühlt sich verfolgt von den Monstern des Informationskapitalismus, die uns fest im Griff hätten. Das Schreckensszenario, dass wir längst nicht mehr Herr (oder Frau) im Haus sind, entblättert er auf 296 Seiten in einer anschaulich schönen Sprache und in spannendem Stil. Dabei hält einen das Buch bis zur letzten Seite gefangen. Im doppelten Sinne: dem Leser wird vorgeführt wie gefangen er tatsächlich ist in der Kontrolle durch Algorithmen von Computern, die längst unser Leben für uns alle bestimmen ohne dass wir es merken.

Dabei fällt auf, dass Schirrmacher unnötig pessimistisch ist: er beklagt, dass die, die unser Leben so heillos durch allumfassende Ökonomisierung aller Lebensbereiche bestimmen und den Kalten Krieg auf dem Parkett der Wall Street und den Tälern des Silicon Valley fortführen, von der Annahme ausgehen, der Mensch sei unverbesserlich eigennützig und tue alles interessengeleitet. Dem liegt das Gefangenendilemma und die Spieltheorie zugrunde, die jedoch eher dem Menschen angepasst werden als dass sie tatsächlich die Natur des Menschen widerspiegeln: Was nicht passt, wird passend gemacht! Denn als diese Theorien in der Praxis an Sekretärinnen getestet wurden, stellte sich heraus, dass sie viel kooperativer waren als angenommen. Was sagt uns das? Frauen passen nicht in dieses von Männern entworfene Schema ihres projizierten Größen- und Verfolgungswahns. Oder: auf den unteren Hierarchieebenen herrscht ein freundlicheres Klima. So wird auch Schirrmacher zum Opfer seiner männlichen und hierarchisierten Denkweise. Manchmal beschleicht einen beim Lesen das Gefühl, er bedauere insgeheim nicht Teil dieser Herrschaftsmaschinerie zu sein, denn gemeinhin galten die Macher als die Gewinner des Spiels während jeder andere eher als Tölpel dastand. Warum nicht gleich Präsident sein, wenn es doch für jeden funktionieren kann? Statt dessen schreibt Frank Schirrmacher Bücher.

Der Leser erfährt wie die Macher der New Economy operierten, was alles unter ihren

Kontroll- und Auswertungszwang fiel, von Emails bis Informationen über das Kaufverhalten, das jede Nanosekunde aufgrund von Google-Suchmaschinenstichwörtern entziffert wird. Dabei werden die Monster der Literatur- und Filmgeschichte Frankenstein, Dr. Jekyl und Mr. Hyde und Dracula in den Schatten gestellt und George Orwells „1984“ fällt noch vergleichsweise phantasielos aus. Was bereits alles möglich ist und bald noch möglich werden wird, lässt erschaudern. Und wo findet es statt: in den USA, wo Aussteiger von den Funktionsweisen der Bildschirmtäter berichten. All das greift Schirrmacher wissbegierig auf, um seine Kritik zu untermauern. Die Empörung ist echt und speist sich aus der Ohnmacht, der als Gegenwehr nur noch die Sprache bleibt. Das Buch wird umso aktueller, wenn man sich vor Augen führt, dass kürzlich „enthüllt“ wurde, was man längst hätte vermuten können, nämlich dass der britische Geheimdienst den internationalen Internet-Verkehr überwacht und in dem Programm „Tempora“ auswertet. Großbritannien also noch schlimmer als die USA: da bleibt das Buch Schirrmachers noch hinter den tatsächlichen Schreckensszenarien zurück.

Was allerdings verwundert, ist, dass Schirrmacher an einer Stelle davon spricht, dass die Bombe zum Glück nie zum Einsatz kam. Weiß er nichts von Hiroshima und Nagasaki?

## Der SPD-Mitgliederentscheid – innerparteiliche Demokratie

In was für einer Demokratie leben wir eigentlich? Alle vier Jahre stimmen wir ab, viele tun noch nicht einmal das, wenn man sich die Wahlbeteiligung mal ansieht, zwischendurch strampeln wir uns an Skandalen und Skandälchen ab und lesen Zeitung, um uns zu informieren, schauen die Nachrichten, die uns vorselektieren, was als wichtig erachtet wird. Jetzt läßt die SPD ihre Mitglieder darüber abstimmen, ob sie dem Koalitionsvertrag mit der CDU/CSU zustimmen soll, um in eine große Koalition zu gehen. Immerhin ist das parteiinterne Demokratie und weitaus demokratischer als ein Parteitagsbeschluß oder eine Vorstandsentscheidung.

Obwohl viel Unmut laut wurde und besonders die Jusos viel auszusetzen haben am Koalitionsvertrag, antwortet mir jeder auf die Frage, ob die SPD zustimmen wird, mit ja. Ja, sie werden abnicken, die Genossen, lautet die Prognose. Weil sie lieber mitregieren wollen als aus der Opposition heraus zu verändern? Weil eben doch genug SPD drin ist im Koalitionsvertrag? Immerhin sind Frauenquote und Mindestlohn drin, der eventuell umgangen werden könnte, wenn nicht gleichzeitig strenge Kontrollen gemacht werden.

Frau Merkel wirkt wie immer unaufgeregt und nüchtern. Ob sie ihre Macht nun mit der SPD erhält oder mit Rumpelstilzchen ist ihr ziemlich humpe. Hauptsache sie kann weiterregieren. Viel verändert hat sie dabei wenig, eher vieles erhalten, denn darum geht es ihr ja: die Wirtschaftsmacht Deutschlands zu stärken und Arbeitsplätze zu sichern. Schade nur, dass EADS da gerade wieder abbaut...!

Ob sie sich abends vorm Schlafengehen schon mal die Frage stellt, um was uns das Ausland am meisten beneidet? Die gute Wirtschaftslage? Den Sozialstaat? Das Gesundheitssystem? Alles drei hat einen hohen Stellenwert, keine Frage. Ich würde jedenfalls nicht in die USA auswandern, auch nicht, wenn die Große Koalition kommt.

## Die Adepten der Vergangenheit*

„Die Geschichtsschreiber binden zusammen, was flüchtig vorrüberrauscht, und legen es im Tempel der Mnemosyne nieder, zur Unsterblichkeit."

**Georg Wilhelm Friedrich Hegel**
Vorlesungen über die Philosophie der Geschichte, S. 12

Warum beschäftigen sich einige Menschen so intensiv mit der Vergangenheit? Was ist so interessant daran „to hang out with dead people" wie es Niall Ferguson in einer Vorlesung vor Harvard-Studenten ausdrückte? Scheuen diese Historiker die Zukunft oder schwelgen sie förmlich im Vergangenen? Wollen sie sie buchstäblich ändern in ihren Schriften, Reden und Taten? Ist es die Nostalgie der Zeit, die sich Ausdruck verleiht in Fäch-erkanons von Kultur- bis Politikgeschichte, Geistes- und Ideengeschichte und in der Geschichte der Mentalitäten?

Vielleicht sind es zwanghafte Sucher nach dem Sinn des Lebens, denn alles mit einem Mausklick abzutun und damit bereits in die Vergangenheit zu befördern, ohne sich weiter darum zu scheren, liegt ihnen nicht. In schnelllebigen Zeiten sind sie die Entschleuniger, die Bremser, die zum Denken Anregenden und die Fragenden, die Suchenden und Wühlenden, die Analysten und Wertenden. Werturteilsstreitigkeiten sind Ausdruck ihrer Werthaftigkeit und Objektivität gibt es vorwiegend in den Nachbardisziplinen der Naturwissenschaftler. Von Tatsachen reden sie, und schaffen sie damit selbst, von Erzählungen berichten sie, und schmücken sie selbst aus.

Sie schreiben unermüdlich, und lesen halbe Bibliotheken und Archive. Sie deuten ihre Unterlagen und Dokumente, spüren neue Quellen auf und lassen sie einfließen in ihre Texte über die Erklärung der Vergangenheit. Und nie sind sie befriedigt, denn sie forschen und schreiben immer weiter, finden aus ewig Altem immer wieder neu zu

Deutendes, anders zu Deutendes und wiederholt zu Deutendes.

Sie widersprechen sich und streiten miteinander um Begriffe, Worte und Definitionen. Sie sind die Deuter der Zeit und manchmal sogar die Seher der Zukunft. Sie sind wahrhaftig eine eigentümliche Zunft, die meist nur denen Einblick gewährt, die sich mit ernsthaftem Interesse um sie bemühen. Sie sind die Adepten der Vergangenheit und ihre großen Aufklärer.

Welche Kämpfe haben sie ausgetragen, über den kritischen Ansatz, den positivistischen, den ereignisgeschichtlichen, den kulturalistischen. Welchen Anspruch auf Wahrheit haben sie erhoben und sich erzürnt über den richtigen Weg in die richtige Vergangenheit. Denn um Wahrheit ist es ihnen zu tun – um Mythen und Legenden aus dem Weg zu räumen, um falschen Volksglauben und das Vorurteil des begrenzt Nationalen zu widerlegen, das häufig genug die Zusammenhänge im internationalen Konzert der Völker verkennt. Einzelne Personen zeichnen die Wege für viele, doch viele sind daran beteiligt, ohne es zu wissen, in Kenntnis oder Unkenntnis der Lage oder im Hörensagen der Ereignisse, die ihr Leben mitbestimmen.

Geschichte als die Wissenschaft vom Leben und als der Blick in die Zukunft durch das Lernen aus Vergangenem. Und doch sagt Hegel hierzu ganz eindeutig: „Was die Erfahrung aber und die Geschichte lehren, ist dieses, dass Völker und Regierungen niemals etwas aus der Geschichte gelernt und nach Lehren, die aus derselben zu ziehen gewesen wären, gehandelt haben.“ Der Geschichte als große Aufklärerin wird eine Absage erteilt. Denn „jede Zeit hat so eigentümliche Umstände, ist ein so individueller Zustand, dass in ihm aus ihm selbst entschieden werden muss und allein entschieden werden kann. Im Gedränge der Weltbegebenheiten hilft nicht ein allgemeiner Grundsatz, nicht das Erinnern an ähnliche Verhältnisse, denn so etwas wie eine fahle Erinnerung hat keine Kraft gegen die Lebendigkeit und Freiheit der Gegenwart.“

Wir erinnern uns an die Historisten, die eben selbiges auch sagten, und sich viele Gegner heraufbeschworen, die ihrerseits darin eine Verklärung der Vergangenheit und eine Erhöhung des Nationalen erblickten. Thomas Nipperdeys Engagement für eine Übersetzung des Historismus in neue Begrifflichkeiten konnte daran nicht viel ändern. Ganz anders Hermann Hesse, der vom Individuum ausgeht, das über Freiheit verfügt. Auch Immanuel Kant schreibt dem Individuum Gestaltungsmöglichkeit zu. Im Kontrast zu Hegels staatstragenden Ansichten wird hier eher das Individuum in den Mittelpunkt gerückt und es kommt ein positiveres Verständnis von Freiheit zum Ausdruck.

„Aber auch indem wir die Geschichte als Schlachtbank betrachten, auf welcher das Glück der Völker, die Weisheit der Staaten und die Tugend der Individuen zum Opfer gebracht worden, so entsteht dem Gedanken notwendig auch die Frage nach dem, was wir zum allgemeinen Anfange unserer Betrachtung gemacht; von demselben aus haben wir die Be-gebenheiten, die uns jenes Gemälde für die trübe Empfindung und für die darüber sinnende Reflexion darbieten, sogleich als das Feld bestimmt, in welchem wir nur die Mittel sehen wollen für das, was wir behaupten, dass es die substantielle Bestimmung der absolute Endzweck oder, was dasselbe ist, dass es das wahrhafte Resultat der Weltgeschichte sei." Auch Jakob Burckhardts „Weltgeschichtliche Betrachtungen" sind hier einzureihen.

„Geschichte vereinigt in unserer Sprache die objektive sowohl als subjektive Seite und bedeutet ebensogut die **historiam rerum gestarum** als die **res gestas** selbst; sie ist das Geschehene nicht minder wie die Geschichtserzählung." Denn der Historiker ist selbst immer mitverwoben in das Erzählte, sein Standpunkt ist nie ein vollkommen objektiver, seine Erzählung nie ganz wertfrei. Die Vergangenheit ist stets ein fremdes Land und der Historiker fragt woher wir kommen und wohin wir darin gehen, wobei er sich bei der Beantwortung des Letzteren meist zugeknöpfter gibt als bei der des Ersteren. Der Historiker will verstehen „wie es wirklich ge-wesen ist", um mit Ranke zu sprechen, ohne dabei gewesen zu sein.

Ein schier uneinlösbarer Anspruch, wenn nicht gar ein vermessener. Das wäre so wie bei einem Kriminalisten, der sich an den Ort des Verbrechens begibt, um es nachträglich aufzuklären. Manchesmal gelingt es einwandfrei, doch häufig fehlen die Beweise. Dem trägt der Philosoph und Psychologe Michel Foucault in der modernen Geschichtsschreibung Rechnung, indem er immer seltener seine genauen Quellen angibt. Mit ihm erfährt die moderne Geschichtswissenschaft ihre größte Fortentwicklung und Neudeutung mit neuen Methoden, Begrifflichkeiten und Definitionen.

Raum und Zeit als Kontinuen zu beschreiben und zu denken, ist die Aufgabe der Historiker: „Die Zeiträume, wir mögen sie uns von Jahrhunderten oder Jahrtausenden vorstellen, welche den Völkern vor der Geschichtsschreibung verflossen sind und mit Revolutionen, mit Wanderungen, mit den wildesten Veränderungen mögen angefüllt gewesen sein, sind darum ohne objektive Geschichte, weil sie keine subjektive, keine Geschichtserzählung aufweisen.“ Solange es keine Geschichtenerzähler gibt, gibt es keine Geschichte, denn den Menschen bleibt sie meist unbewußt. Früher erzählten sie die Großväter am Lagerfeuer, später dann die Chronisten wie Mönche und viel später dann die professionellen Historiker, die daraus eine eigene Zunft mit Regeln und Prinzipien machten und in die akademischen Weihen hoben.

Dabei haben die Historiker das Entscheidende nach Hegel gar nicht beschrieben: „Um solcher Bedingung einer Geschichte willen ist es auch geschehen, dass jenes so reiche, ja unermeßliche Werk der Zunahme von Familien zu Stämmen, der Stämme zu Völkern und deren durch diese Ausdehnung herbeigeführte Ausbreitung, welche selbst so viele Verwicklungen, Kriege, Umstürze, Untergänge vermuten läßt, ohne Geschichte sich nur zugetragen hat; noch mehr, dass die damit verbundene Verbreitung und Ausbildung des Reiches der Laute selbst lautlos und stumm geblieben und schleichend geschehen ist.“ Dabei stellt „die Entwicklung des Bewußtseins des Geistes von seiner Freiheit und [die] der von solchem Bewußtsein hervorgebrachten Verwirklichung dar.“

Es bleibt noch viel zu tun.

*Adept (von lateinisch adeptio, Erlangung, Erwerbung; oder lateinisch adeptus, einer, der etwas erlangt hat) ist die Bezeichnung für eine Person oder einen Schüler, der in eine Geheimlehre, Geheimwissenschaft oder in Mysterien eingeweiht ist. Im weiteren Sinne ist ein Adept jemand, der von einem Meister in eine Kunst oder Wissenschaft tiefer eingeführt worden ist, dessen Lehren studiert hat und sich als Kenner von dessen Philosophie und Erkenntnissen ausweisen kann. (Quelle: Wikipedia)

## Liberalismus in Deutschland

Was ist Gleichheit?

„Gleichheit bedeutet Übereinstimmung einer Mehrzahl von Gegenständen, Personen oder Sachverhalten in einem bestimmten Merkmal bei Verschiedenheit in anderen Merkmalen. Identität bedeutet eine völlige Übereinstimmung, das heißt Ununterscheidbarkeit in Hinsicht auf jedes Merkmal. Ähnlichkeit bezeichnet eine nur annähernde Übereinstimmung. Gleichheit besteht zwischen zwei oder mehr Objekten und einer oder mehr Eigenschaften. Gleichheit bezeichnet das Verhältnis zwischen den ver-glichenen Gegenständen oder Personen. Gleichheit kann bestehen bezüglich der Qualität, der Quantität oder der Relation. Sie wird durch die Methode des Vergleichs festgestellt.“ (Wikipedia)

Die Forderung nach Gleichheit stellt ein allgemeines Gerechtigkeitsideal dar, das eine lange Historie hat und von Philosophen, Juristen, Ökonomen und Soziologen intensiv erforscht wurde. Verfassungsrechtliche Bedeutung und demokratische Legitimation erlangte die Gleichheit erst 1776, als die Vereinigten Staaten ihre Unabhängigkeitserklärung verabschiedeten, und später dann in der Französischen Revolution von 1789, die *liberté, égalité, fraternité* – Freiheit, Gleichheit, Brüderlichkeit postulierte.

"Das Thema „Ungleichheit“ stellt somit sowohl aus sozialwissenschaftlicher als auch aus volkswirtschaftlicher Perspektive ein wichtiges Zukunftsthema dar und wird bereits in der Gegenwart durch Frauenrechtlerinnen und Sozialisten/Kommunisten eingefordert. Dabei handelt es sich häufig um eine emotional geführte Debatte, da die Darstellung der Ungleichheit über quantitative Daten der individuell wahrgenommenen Ungleichheit zu widersprechen scheint und das Gerechtigkeitsempfinden stört. Seit Jahren wird darauf hingewiesen, dass es vorwiegend um weibliche Altersarmut gehe, obwohl die Zahlen für Deutschland zu dem Ergebnis kommen, dass das Armutsrisiko und die tatsächliche Armut bei Kindern und jungen Familien mit Abstand am höchsten ist. Die sich entwickelnden Länder hingegen haben im Gegensatz hierzu mit anderen Herausforderungen zu tun (bspw. hohe Abhängigkeit der Bildungschancen von den finanziellen Ressourcen der Eltern – was allerdings auch für Deutschland zum Thema geworden ist).

Das Empfinden von Ungerechtigkeit als Ausdruck von "Phantomschmerzen" abzutun, wäre verharmlosend; vielmehr deutet die (national sehr spezifische Form) der Ungleichheit auf eine gesamtgesellschaftlich ineffiziente und verzerrte Verteilung von Ressourcen hin. Neben sozialen Folgekosten (Kriminalität, hohe Sozialausgaben) wirkt sich das Fehlen eines Aufstiegsanreizes für viele auch negativ auf die volkswirtschaftliche Wettbewerbsfähigkeit aus. Die Frage der Verteilung ist damit kein esoterisches Wohlfühlthema, sondern ist mit handfesten Effizienzfragen verbunden.

Während der bekannte deutsche Soziologe Ulrich Beck und auch das World Economic Forum die Ungleichheit zu einem der wichtigsten Zukunftsthemen ausgerufen haben, zeigt Google Trends an, dass die Relevanz des Themas "Economic Inequality" auf niedrigem Niveau stagniert. Das mag zuvorderst mit den von Google ausgewählten Kriterien zusammenhängen. Handelt es sich um ein Elitethema oder geht es darum, dass es inzwischen viele ausdifferenzierte Schattierungen von Ungleichheit gibt?"

## 1848 – gescheiterte soziale Revolution oder Wegbereiter der konstitutionellen bürgerlichen Moderne?

Ungleichheit und Liberalismus scheinen sich auf den ersten Blick auszuschließen. Doch ist historisch gesehen eine parallele Entwicklung festzustellen. Was ist Liberalismus? Begriffe von Freiheit und Toleranz, Besitzindividualismus und das Fehlen von Bevormundung durch den Staat schwingen darin mit, aber auch ein ungezügelter Markt, die Abwesenheit staatlicher Absicherung oder historisch gesehen die Opposition zur demokratischen Republik. Während es außer Frage steht, dass Liberale dem Durchbruch zur Moderne nachgeholfen, wenn nicht gar der Moderne zum Durchbruch verholfen und in der Abgrenzung zum Feudalismus, Absolutismus und Katholizismus wichtige Meilensteine der Aufklärung und des Fortschritts gesetzt haben, besteht Uneinigkeit darüber, welche Definition als allgemeingültig – sofern eine solche in der Geschichts- und Sozialwissenschaft mit ihren unterschiedlichen geographischen Ausprä-gungen überhaupt denkbar ist – zu gelten beanspruchen darf.

Dieter Langewiesche als einer der ausgewiesenen Kenner der Geschichte des Liberalismus in Deutschland führt den auf diesem Gebiet ebenso ausgewiesenen Lothar Gall ins Feld mit der Utopie der „klassenlosen Bürgergesellschaft", die auf „einen Zustand [abziele], in dem jeder sein gesichertes Auskommen haben sollte, ohne zu große Vermögensunterschiede, die der erstrebten „bürgerlichen Gesellschaft" als unverträglich galten." Die Betonung liegt auf dem aufgeklärten, eigenverantwortlichen, initiativen Bürger, der zwar Besitz anhäuft, dabei aber Maß hält und anderen denselben, wenn nicht einen annähernd gleichen Teil vom Kuchen zugesteht. Auch wenn das Adjektiv „klassenlos" eher aus dem marxistischen Vokabular der kommunistischen Utopie entstammt, wird die nivellierte Mittelstandsgesellschaft als Ideal angestrebt.

Schaut man sich die Entwicklung in der Postmoderne beispielsweise in Deutschland an, so ist dieses hehre Ziel verfehlt worden. Fast täglich wird in den Medien darüber diskutiert, dass die Schere zwischen arm und reich immer weiter auseinanderdriftet, dass es keinen starken Mittelstand mehr gibt und dass ein Teil der führenden Manager des Landes wahnwitzig hohe Gehälter und Abfindungen kassiert, während ein immer größer werdender Teil der Bevölkerung im Niedriglohnsektor arbeiten geht, ohne davon seinen Lebensunterhalt auskömmlich bestreiten zu können und zusätzlich auf staatliche Hilfe angewiesen ist, ganz zu schweigen von denen, die ganz ohne Arbeit sind. Es wird beschworen, dass 40% der Deutschen im Alter von Altersarmut betroffen sein und damit auf Hartz IV Niveau absinken werden, wenn man einen

Durchschnittslohn von 2.000€ brutto zugrunde legt. Offensichtlich gibt es eine Ungleichverteilung des Geldes, das an vielen Enden fehlt, während es an anderen im Übermaß vorhanden ist.

Nun könnte man argumentieren, dass das zum natürlichen Aufbau einer Gesellschaft gehört, will sie denn fortbestehen: viele müssten niedere Tätigkeiten ausführen, die nun man erledigt gehören, wie Straßen kehren, Brötchen verkaufen oder Gebäude reinigen, damit andere, ein naturgemäß kleinerer Teil der Gesellschaft, sich dem Luxus des Erforschens, des Erfindens und des Managens widmen können. Und man könne eben nicht alles gleich vergüten, denn manche Tätigkeiten wögen schwerer als andere. Das Wort der „Hartzer", die aufstocken müssen, ist inzwischen zum Schimpfwort für die staatlich Bevormundeten und den angeblich faulen Arbeitsunwilligen geworden, die bereitwillig oder notgedrungen Steuergelder kassieren und damit sogar ihre Kinder mehr schlecht als recht und in Schule und Freizeit unter erheblicher Diskriminierung leidend ernähren, was vermuten läßt, dass es eben doch nicht als naturnotwendig hingenommen wird, wie die Gesellschaft sich spaltet. Das Finanzvolumen für diese Transfermaßnahmen ist inzwischen stetig angewachsen. Der Erfolg der Reformen scheint gering, wenn man sich die Zahlen derjenigen anguckt, die durch sie in feste Arbeit gekommen bzw. auch in ihr geblieben sind. Dennoch wird die Agenda 2010 von so manchem Politiker als Erfolgsmodell gefeiert, mit der Deutschland im Gegensatz zu anderen Staaten sicher durch die Krise gekommen sei. Schon preisen sie einige selbst ernannte Wirtschaftsexperten wie Oswald Spengler als nachahmenswert für Länder wie Frankreich, die sich gerade im Abschwung befinden.

In Internetforen wird darüber gemunkelt, dass der Faschismus zurückgekehrt sei, auch wenn es sich dabei um wenig aussagekräftige virtuelle Shitstorms handeln mag, die nichtsdestotrotz eine Stimmung widerspiegeln, der sich viele unverfälscht hingeben. Dass der Faschismus in Zusammenhang zu einer Wirtschaftsform steht, in der wir seit über zwei Jahrhunderten leben – je nachdem wo man die Markierung ansetzt – von denen in Deutschland allerdings nur zwölf Jahre durch den Faschismus bestimmt wurden, hatte der Bielefelder Sozialhistoriker Hans-Ulrich Wehler bereits früh betont. 1983 verwies er mit Bezug auf Max Horkheimer darauf, dass dieser „1939 eine Teilwahrheit [aussprach], als er forderte, dass vom Faschismus schweigen solle, wer nicht vom Kapitalismus reden wolle." Damit sagte er zwar nicht, dass der Kapitalismus unweigerlich und quasi naturnotwendig zum Faschismus (der bekanntlich zeitlich später einsetzte) führt, aber dass kapitalistische Produktions- und Wirtschaftsweisen Elemente in sich tragen, die den Faschismus begünstigen, denkbar machen und somit vorbereiten. Wehler weiter: „Schweigen soll aber auch, wer beim Nationalsozialismus nicht von den vorindustriellen Traditionen, dem Defizit an Bürgerlichkeit und parlamentarisch-politischer Macht des Bürgertums reden will."

Diese begann in Deutschland im Jahr 1848. 1998, genau einhundertfünfzig Jahre später, haben die Bochumer Historiker Thomas Mergel (heute Berlin) und Christian Jansen (heute Münster) zurecht darauf hingewiesen, dass in der Geschichtswissenschaft eine Neubewertung der 1848er Revolution eingesetzt habe, die sich vom Einzelereignis weg und hin zu den pluralen Wahrnehmungsweisen und Ereigniskomplexen im europäischen Kontext bewegt habe. Die Revolution im Singular, für die der Plural angemessener wäre, reichte immerhin von den Ländern zwischen dem Mittelmeer und der Ostsee zu denen zwischen dem Atlantik und der Ukraine. Beteiligt waren spontane Bauernbewegungen, sowohl gewaltsam als auch friedlich, Leibeigene, zünftige Handwerker, also Meister und Gesellen, zunftlose Handwerker, Fabrikarbeiter, arbeitslose Tagelöhner, Unternehmer, Akademiker, Künstler, Klerus, Soldaten und Frauen. Die Ausweitung des Gegenstandes dank sozialgeschichtlicher Fragestellungen führte des weiteren zur Betrachtung der Regionen und Städte, religiöser Gruppierungen und Exilanten. Die einsetzenden Entwicklungen der Beschleunigung im Innern, der gesellschaftlichen europäischen Nationsbildungsprozesse, der Verbreitung der politischen Partizipationsmöglichkeiten, der Mobilisierung durch die Eisenbahn, der Vollendung der Bauernbefreiung, der Ablehnung der Staatlichkeit und vieler ihrer Repräsentanten gegenüber den seit 1800 stetig wachsenden Ansprüchen von Staatlichkeit, Steuerverweigerung, Verweigerung des Frondienstes und feudaler Abgaben, die Forderung nach Einführung des Zunftzwangs, nach Reduzierung der Anzahl der Lehrlinge und der Frauenarbeit, die Forderung nach verbindlicher Fixierung von Mindestlöhnen und festen Arbeitszeiten, die Schaffung eines Arbeitsministeriums, die Forderung nach Versorgung der Invaliden, nach Errichtung von Musterwerkstätten durch den Staat, die Forderung der Unterschichten nach höherem Lohn und Lebensmitteln, die Einforderung des Rechts auf Mitbenutzung von fremdem Eigentum, die Forderung nach Tarifverträgen beispielsweise im Druckerei-Gewerbe, die Vertreibung von Ausländern mit dem Wunsch nach korporativer Beschränkung der Märkte, der Zuwachs an politischer Vereinsbildung, die Explosion auf dem Zeitungsmarkt, die Politisierung der Landbevölkerung, der Widerstand gegen militärische Musterungen und Rekrutierungen und wirtschaftspolitische Liberalisierungen gehören alle zum Gesamtbild von 1848 und danach. Kurzum: ein bürgerlicher Sozialstaat als Nahziel.

Die Revolution also nicht als singuläres, einzelnes einschneidendes Er-eignis der deutschen Politikgeschichte, sondern als unterschiedliche Handlungsweisen der europäischen Beteiligten aus unterschiedlichsten sozialen Schichten mit ihren verschiedenen sozialen Motiven, ideologischen Zielsetzungen und politischen Ergebnissen. Wichtig ist in diesem Zusammenhang die Feststellung, dass sich das Bürgertum im Klassenkampf nach unten mit dem gegenrevolutionären Staat verbünden mochte, es sich aber doch als Träger der Revolution gegen den Staat begriff. Die Frage scheint berechtigt, ob 1848 der Anbruch einer neuen Zeit, oder nicht doch vielmehr der Abschluss einer alten gewesen ist. Gleichzeitig weisen Mergel/Jansen darauf hin, dass der Begriff der „Revolution“ in Frage zu stellen ist, wenn gleichzeitig Verhandlungsbereitschaft und Einigkeit in bestimmten Fragen zu konstatieren war, zumal in den meisten Petitionen und Pamphleten ein devoter Unterton mitschwang. Gleiches hatte der in London lehrende britische Historiker John Breuilly bereits festgestellt, als er den Paulskirchen-Vertretern einen naiven Romantizismus unterstellte, der wenig politische Durchschlagskraft besessen habe.

„Eine humane Revolution ist notwendig eine halbe Revolution“ hatte auch Veit Valentin beklagt. Den Mythen der deutschen Geschichtsschreibung und gar der gescheiterten Revolution reden die am Marxismus geschulten britischen Historiker Geoff Eley und David Blackbourn, und gemeinsam mit ihnen eine ganze Reihe anderer Historiker, das Wort und kritisieren sogleich die These vom angeblichen deutschen Sonderweg. Da wären wir wieder bei Wehlers Defizit an Bürgerlichkeit, das nach 1848 in den sechziger Jahren des 19. Jahrhunderts zum Kompromiss mit der alten Ordnung, sprich der vorindustriellen Herrschaftselite, geführt hatte und das durch Institutionen wie Schule, Kirche, Armee und Universität mitbewirkte Fehlen staatsbürgerlicher Gesinnung zu verantworten hatte, das in England und Frankreich die Demokratien begründet habe. Wehler hält am deutschen Sonderweg fest.

1848 als ein Mythos der deutschen Geschichtsschreibung, ein überhöhtes Ereignis im Fluss der historischen Begebenheiten, die sich die Historiker anschicken, prominent herauszupicken, um sie als Erklärung für historische Diskontinuitäten heranzuziehen? Eine verfehlte bürgerliche Revolution also, deren Ursachen sozial waren, wenn wir an den schlesischen Weberaufstand im Jahr 1844 denken, und die durch Ereignisse im Ausland, vorrangig in Frankreich und in den Vereinigten Staaten von Amerika, angestoßen wurde, als Kulminationspunkt für sämtliche ideologische Begehrlichkeiten von kommunistisch, sozialistisch, demokratisch, liberal, konservativ, national bis faschistisch (wenn man an die Thesen Lewis Namiers denkt, der dort bereits die Vorläufer Hitlers ausmachte).

Bereits mit dem Westfälischen Frieden von 1648 hatte das Heilige Römische Reich deutscher Nation aufgehört zu existieren, bevor dies 1806 auch rechtlich wirksam wurde. Laut Wilhelm Mommsen sprach Deutschland dann 1848 plötzlich „eine politische Sprache“, es war das Jahr, in dem das bewusste politische Leben erst begann. Der politische Massenmarkt setzte ein. So sieht Mommsen denn auch in 1848 die erste Voraussetzung der Demokratie, denn „man kannte nicht nur das, was trennte, sondern auch das, was verband.“, auch wenn vorrangig das Kleinbürgertum, das

Handwerk und die Katholiken in Bewegung gerieten. Dennoch sprachen Klaus Goebel und Manfred Wichelhaus allgemein vom „Aufstand der Bürger“.

Doch die Revolution scheiterte eh sie begann, und bereits als das Parlament zusammentrat. Die Linke hatte das Werben der Paulskirche um Regierungen und Fürsten erfolglos kritisiert, diese Kooperationstaktik der Mehrheit, die die revoltierenden Massen ausklammern und nicht auf deren Forderungen eingehen wollte. So zeigte sich, dass eine konstitutionelle Revolution gegen den Absolutismus und eine nationale Revolution gegen die Kleinstaaterei möglich war, ohne der sozialen Revolution zu ihrem Recht zu verhelfen. Die sozialen Rechte blieben hinter der Pressefreiheit und anderen Grundrechten zurück und siegreich war der Wartburger Geist des 18. Oktober 1817 vom Befreiungskampf gegen die französische Besatzung, der schließlich 1871 sein Ziel eines einzelnen vereinigten deutschen Nationalstaats erreicht hatte. Zugleich war eine Marktgesellschaft entstanden, in der zusehends Klassen-, Standes- und Schichtzugehörigkeiten über Verdienst- und Berufsmöglichkeiten, Aufstiegschancen und Bildungszugang entschieden und die den besitzenden Klassen, die häufig über Vererbung und Einheiraten ihre Macht und ihren Einfluss sicherten, die Möglichkeit der größeren Gestaltungsfähigkeit gab.

In der Zeit zwischen 1848 und 1871 wurden somit wichtige Grundlagen gelegt, die nicht nur die deutsche Nationalstaatsgründung hervorgebracht, sondern Entwicklungen in Gang gesetzt haben, die bis in unsere heutige Zeit hineinwirken. Der Liberalismus hat Kräfte entfesselt, die uns zum einen nicht nur Verfassungen, auf die wir uns manchmal erfolgreich, manchmal vergeblich berufen können, Pressefreiheit und die Möglichkeit zum Rückzug ins Private beschert, sondern zum anderen zugleich bis zur heute vorherrschenden Deregulierung der Märkte, Privatisierungen und der Aushöhlung des Leistungsprinzips, das einst zu ihren hervorstechendsten Merkmalen gehört hatte, geführt.

Der Liberalismus heute

Anderthalb Jahrhunderte später stellt Hans-Ulrich Wehler unmissverständlich klar: „...in dieser Marktgesellschaft entscheiden zusehends Marktprinzipien über die Zuteilung von Lebenschancen und Lebensrisiken, da die erdrückende Mehrheit der Erwerbstätigen ihre denkbar unterschiedlichen Leistungskapazitäten auf Arbeitsmärkten anbieten muss, von denen sie zu marktkompatiblen Preisen abgerufen – oder aber ausgespien und in jene „Versorgungsklassen“ (M. R. Lepsius) abgedrängt werden, in denen sie von öffentlichen Transferleistungen abhängen. (…) Das ist die verbreitete Vorstellung, dass die Märkte einer Wachstumsgesellschaft von sich aus für eine gleichmäßige Verteilung des Wohlstands sorgen. Unstreitig ist der moderne Markt eine ingeniöse soziale Erfindung, die mit einem weltumspannenden Kommunikationssystem Nachfrage und Angebot koordiniert, Versorgungslücken mitteilt, Warnsignale sendet. Bisher ist keine überlegene Alternative entwickelt worden, die sich abseits des papiernen Entwurfs realiter bewährt hätte. Das radikale Scheitern der staatlichen Zentralplanwirtschaft ist das letzte Beispiel einer unterlegenen Option. Eins aber vermag der funktionstüchtige Markt nicht: nach der von ihm erzeugten Wohlstandssteigerung von sich aus auch noch zielstrebig Soziale Ungleichheit zu verringern (…) Verringern kann die Ungleichheitsdistanz nur der mächtigste Akteur: der moderne Staat.“

Nicht zufällig schreibt Wehler „Soziale Ungleichheit“ auch im Adjektiv groß, denn es gehört unmissverständlich zur Ungleichheit. So wie sie sozial begründet ist, so führt sie auch zur Ungleichheit in fast allen Lebensbereichen, seien sie geschlechtsspezifisch, finanziell, ethnisch, beruflich, konfessionell, wohntechnisch oder bildungspolitisch ausgestaltet. Den Glauben an das alles Richtende des Marktes nennt Wehler einen „Voodoo-Glauben“. Ein Zauber aber verfliegt, sobald sein Schleier gelüftet wird.

Michael Hartmann, Soziologe aus Darmstadt, hat die Wirkungsweisen zwischen Eliten und Macht in Europa eingehend erforscht und kommt zu dem Schluss, dass der

Kapitalismus zur akzeptierten Norm wurde und am Gemeinwohl orientierte Elemente historisch gesehen aus den Parteiprogrammen der Parteien zusehends verschwanden:

„Knapp zwei Jahrzehnte nach dem Ende des 2. Weltkriegs hatten sich die Verhältnisse in den vom Krieg betroffenen westeuropäischen Ländern weitgehend stabilisiert. Sah es nach dem Krieg in den meisten Ländern für kurze Zeit noch so aus, als seien der Kapitalismus und mit ihm die herrschenden Klassen und Eliten auf dem Scherbenhaufen der Geschichte gelandet, konnte davon nur gut zehn Jahre später keine Rede mehr sein. Das starke Wirtschaftswachstum und die damit einhergehende deutliche Anhebung des Lebensstandards für die breite Bevölkerungsmehrheit hatten die nach dem Kriege aufgetretenen, zum Teil massiven sozialen Auseinandersetzungen zum größten Teil entschärft. Die (anfangs hohe) Arbeitslosigkeit war rapide gesunken und in einer Reihe von Ländern sogar fast vollkommen verschwunden. Die Zuspitzung des Ost-West-Gegensatzes sorgte gleichzeitig für eine Renaissance konservativer Einstellungen in der Politik wie in der breiten Bevölkerung. Die bis in die erste Hälfte der 1950er Jahre üblichen großen Streiks wurden deutlich seltener. Waren 1950 in Frankreich noch fast zwölf Millionen Arbeitstage durch Streiks verloren gegangen, so sank dieser Wert bis 1960 auf nur noch gut eine Million. In Belgien ging die Zahl von fast 2,8 Millionen auf 334.000 zurück, in Schweden von 41.000 auf 18.000 und in Deutschland sogar von knapp 1,6 Millionen auf nur noch 38.000. Einzig in Großbritannien und Italien blieb das Niveau in etwa gleich hoch. Parallel ebbte auch der nach 1945 zu beobachtende steile Anstieg der Gewerkschaftsmitgliedschaft ab, wenn sich der Trend nicht sogar umkehrte.

Politisch hatten so gut wie alle Parteien den Kapitalismus als gesellschaftliche Grundlage akzeptiert und ihre Programminhalte, falls erforderlich, dementsprechend angepasst. Die CDU hatte die sozialistisch klingenden Elemente ihres Ahlener Programms von 1947, das noch Forderungen nach der Überführung von Schlüsselindustrien in gemein-wirtschaftliche Formen und zur Planung der Wirtschaft enthielt, vollständig entsorgt, die SPD ihr Godesberger Programm verabschiedet. Die kommunistischen Parteien verloren stark an Gewicht, versanken zum Teil fast in der Bedeutungslosigkeit. Selbst die weiterhin großen und einflussreichen kommunistischen Parteien Frankreichs und Italiens begannen ihren scharfen Oppositionskurs nach den schweren Niederlagen in den 1950er Jahren zu überdenken und allmählich zu verändern. Die westeuropäischen Eliten und herrschenden Klassen hatten ihre Macht nach einer kurzen Phase der (mehr oder minder ausgeprägten und tief greifenden) Erschütterung grundlegend konsolidiert. Die Wahlergebnisse demonstrierten das unübersehbar. Abgesehen von den skandinavischen Staaten dominierten so gut wie überall die konservativ-bürgerlichen Parteien. Sie regierten zumeist allein oder aber in einigen Fällen (wie etwa in Österreich) auch mit den Sozialdemokraten als Juniorpartner."

Bereits 1983 schrieb Wehler glasklar: „Wer Wachstum und Konjunktur für den Dauerzustand einer kapitalistischen Industriegesellschaft gehalten hat – und dieser Chimäre haben nicht wenige angehangen – , wird durch die ökonomische Labilität der letzten Jahre, durch die hohe Arbeitslosigkeit und das – Gipfel der Wortkosmetik – drohende „Nullwachstum" zutiefst irritiert. Insbesondere junge Leute, die eine Universitätsausbildung, wie das drei Jahrzehnte zutraf, für den sichersten Weg zu hohem Einkommen, Prestige und sozialer Sicherheit gehalten haben, werden durch die schrumpfenden Möglichkeiten auf den Arbeitsmärkten für Akademiker verstört; sie bringen für diese Situation auch gewissermaßen keine psychischen Reserven mit. Bittere Enttäuschung ist daraufhin keine Seltenheit. Wahrscheinlich werden die ökonomischen und sozialen Verteilungskämpfe in naher Zukunft noch härter, unübersehbare Indizien sprechen dafür. Sensible Jüngere spüren und fürchten diese Entwicklung, da sie in einem derartigen sozialdarwinistischen Geraufe untergehen können."

Haben wir das dem Liberalismus zu verdanken? Die Zahlen in Wehlers neuestem Buch „Die neue Umverteilung. Soziale Ungleichheit in Deutschland" sprechen eine deutliche Sprache, welche Entwicklung die Liberalisierung in Staat, Wirtschaft und

Gesellschaft zeitigte:

Den Vorständen der 30 deutschen Dax-Gesellschaften, das heißt börsennotierten Aktiengesellschaften, sei es gelungen von 1997 bis 2002 ihr Einkommen (ohne Boni und Aktienoptionen) von 1.66 Millionen DM auf 1,7 Millionen Euro zu verdoppeln; dagegen wachse seit 1985 das Einkommen im unteren Dezil nicht mehr, das heißt es stagniert auf demselben Niveau; die Topmanager in Amerika und Deutschland hätten es geschafft, ihr Einkommen im neuen Jahrhundert um 400% zu steigern, so dass sie das 300fache ihrer Facharbeiter erhielten. Im Jahr 1998 band das oberste Dezil 42.2% der Vermögensverteilung, das oberste Quintil sogar 62%. 10% bezögen etwa 35% des Nettogesamteinkommens, das 28fache der untersten zehn Prozent. An der Spitze verfügten 6.6% über weniger als ein Viertel des Einkommens. Die reichsten zehn Prozent der Haushalte haben über 59,2 Prozent des Nettovermögens und somit über sechs Prozent mehr als im Reichtums- und Armutsbericht der Bundesregierung unterstellt. Zwei Millionen reiche Steuerpflichtige lägen jenseits der sogenannten Reichtumsgrenze, das heißt um mehr als das Doppelte über dem durchschnittlichen Nettoeinkommen. Die reichsten 5% besäßen sogar zusammengenommen ein Einkommen, das 95% aller Einkommensbezieher zusammengenommen nicht erreichten. Diese „Superreichen" unter den 27.000 reichen Einkommensmillionären (ihre Zahl hat sich zwischen 1983 und 1997 verdreifacht und liegt heute sogar bei etwa 830.000) erzielten ein dreizehn Mal so hohes Einkommen wie die untersten zehn Prozent ihrer Privilegiengenossen.

Dabei sind 50% der Bevölkerung berufstätig, 25% hängen von familiärer Alimentierung ab und 25% leben von Transferleistungen. Im weltwirtschaftlichen Maßstab lässt sich festhalten: zwischen 1967 und 1986 hat sich das Bruttoinlandsprodukt der Weltwirtschaft um den Faktor 6,5 multipliziert, also mehr als versechsfacht, so dass es im Jahr 1986 15,730 Milliarden US Dollar betragen hat, während der internationale Handel sich um den Faktor 20 multipliziert hat und 3127 Milliarden US-Dollar betrug. Damit steigt der Handel stärker als die Produktion. Dabei haben sich die Volkswirtschaften immer weiter diversifiziert und unterscheiden sich heute stärker voneinander als je zuvor. Der Unterschied im technologischen Fortschritt zwischen den Staaten sinkt zunehmend.

Auch Salais/Storper stellen fest: „Les économies développées ont bénéficié d´un „âge d´or“, certain dans les décennies d´après-guerre au cours des années 1950 et 1960 et dans la première moitié des années 1970. Cet âge d´or est terminé. Depuis la dépression des années 1970, les moments de reprise qui surviennent se font dans un contexte de chômage élevé, de salaires stagnants, d´inégalités de profit entre les entreprises. Malgré les facilités de relance qu´auraient pu donner la sévérité et la longueur de la récession au tournant des années 1980, dix ans après, les indicateurs macroéconomiques refusent de se mouvoir selon la cohérence qu´avait définie le sentier de croissance de l´après-guerre. Ce constat s´observe dans tous les pays développés, quoique de facon originale à chacun. Sur lui se sont ouvertes les années 1990.“

Um eine der führenden Industrienationen der Welt herauszugreifen: Was ist in Deutschland zwischen 1848 und 1871, 1871 und 1914, 1914 und 1945, 1945 und 1990, und 1990 und 2010 passiert, dass diese Entwicklung ihren Lauf nehmen konnte? Die Zäsuren markieren einmal die Revolution von 1848, die Gründung des Kaiserreiches, den Beginn des Ersten Weltkriegs, das Ende des Zweiten Weltkriegs, die deutsche Wiedervereinigung und das Jahr der Agenda 2010, die durch die rotgrüne Bundesregierung unter SPD-Kanzler Gerhard Schröder im Jahr 2003 eingeführt wurde.

Während die einen davon sprechen, dass die Ungleichheit nicht zugenommen hat, sondern der Wert der Gleichheit einfach nur populärer geworden ist (alternativ: die Standards der Festlegung von Ungleichheit oder aber die Einkommensbezugsgröße haben sich verändert), sprechen die anderen von tiefen globalen Verwerfungen in Folge gestiegener Ungleichheit. In Deutschland wird dabei tendenziell eher auf den Gerechtigkeitsaspekt rekurriert während in den angelsächsischen Ländern auf die negativen ökonomischen Folgen dieser Ungleichverteilung hingewiesen wird. Damit aber liegen so viele semantische Unschärfen und sprachlich bedingte unterschiedliche Perzeptionen vor, dass eine eindeutige Aussage kaum zu treffen ist.

## Warum Globalgeschichte?

„Wer nichts ausrichten kann, soll auch nicht kommentieren.“ Diesen Rat eines meiner ehemaligen Professoren aus Bochum habe ich nicht beherzigt. Denn es gibt wenig Grund sich zurückzulehnen. Auch wenn es so scheinen mag, als käme das Wort „Geschichte“ lediglich von Geschehenem“, liest und schreibt man nicht nur über sie, sondern man macht sie – notfalls zum Machterwerb. Es sei erinnert an eine Äußerung von Jürgen Habermas, der Angela Merkels Schlingerkurs beispielsweise als das kritisiert, was er ist, nämlich der Versuch des reinen Machterhalts. Dabei schließt Habermas die munteren Journalisten nicht aus, die sich ihrer eigentlichen Aufgabe des kritischen Journalismus verschließen, indem sie "[in] zahlreichen Talkshows [...] mit ihrem immer gleichen Personal einen Meinungsbrei [anrichten], der dem letzten Zuschauer die Hoffnung nimmt, es könne bei politischen Themen noch Gründe geben, die zählen."

Dass es diese Gründe aber gibt beweisen uns noch ganz andere Autoren, wie beispielsweise Jakob Augstein, Harald Welzer und der Bielefelder Sozialhistoriker Hans-Ulrich Wehler oder Politikerinnen wie Sahra Wagenknecht, Claudia Roth und Marina Weisband. Preisträger des „Glas der Vernunft 2013“ der Stadt Kassel, macht der altehrwürdige Jürgen Habermas seinerseits unmissverständlich klar, dass die Republik mit Merkel in die Phase der „Postdemokratie“ eingetreten sei. In einer global vernetzten Welt, in der die stärkste Wirtschaftsmacht Europas mehr Verantwortung für globale Entwicklungen trägt, als ihr zuweilen lieb ist, und auf die zuletzt Bundespräsident Joachim Gauck hinwies, mag man sich die Konsequenzen kaum ausmalen.

Und ob zudem immer noch gilt, was Kurt Sontheimer 1989 festzustellen glaubte, nämlich dass „die Demokratie in der Bundesrepublik – nach den leicht hysterisch anmutenden Aufregungen und Erschütterungen der siebziger Jahre – so stinknormal, so kreuzbrav, so routinemäßig [geworden sei], dass es fast schon langweilig geworden ist, über sie zu reden.", darf im Jahr 2013 getrost bezweifelt werden. Angefangen von den Straftaten der rechtsextremen Verbrecher der NSU und ihrer aktiven Sympathisanten, von denen man annimmt, dass es mindestens 129 sind, und der Rolle des Verfassungsschutzes dabei, die offene Frage danach, was die nationale Identität der Deutschen im 21. Jahrhundert ausmacht und was sie unter einer modernen demokratischen parlamentarisch geprägten Gesellschaft mit Verantwortung für Europa und darüberhinaus verstehen hin zu den Problemen des Terrorismus (Stichwort: Islamisten), des Datenschutzes (Stichwort: Facebook, Geheimdienste und Überwachung des Emailverkehrs), des Umweltschutzes (Stichwort: Nachhaltigkeit), der Ungleichverteilung des Reichtums (Stichwort: Managergehälter und die Frage des Mindestlohns), der Lebensmittelskandale (Stichwort: Dioxin und EHEC) und der unzureichenden Bildung (Stichwort: Pisa), die die soziale Marktwirtschaft nicht befriedigend lösen konnte – dies alles gilt es weiterhin zu bearbeiten und zu hinterfragen, wenn wir Lehren aus der Vergangenheit als eine der genuinen Aufgaben der Geschichtswissenschaft ziehen wollen.

Wehler, der sich noch nie damit begnügte nur in die Vergangenheit zu schauen, sondern sich immer auch an aktuellen Debatten beteiligt hat, stellt glasklar fest: „...für die aufklärende Diskussion wie für das praktische Handeln sind möglichst genaue historische Kenntnisse von Nutzen, ja unentbehrlich. Bleibt doch die Geschichte – dies erneut gegen die geläufige Skepsis – das einzige Erinnerungs- und Denkmaterial, aus dem wir lernen können, denn allein Gegenwartskonstellationen und Zukunftsprojektionen reichen dafür nie aus." Soweit zu all jenen, die das Studium der Geschichte für nutzlos und einen Selbstzweck halten.

Dass diese Sätze in Deutschland geschrieben wurden, hat sicher nicht zufällig mit seiner belasteten Geschichte zu tun, bedeutet aber zugleich einen Auftrag für die Zukunft: Geschichte wach zu halten, und das geht heute nur noch global denkend und handelnd.

Dass sich die deutschen Intellektuellen selten mit der Bundesrepublik im Einklang befunden hätten, wie Kurt Sontheimer beklagte, hatte durchaus nachvollziehbare Gründe, wenn man einmal über den „medialen Einheitsbrei“ hinaus denkt. Denn Sontheimer weist zurecht selbst darauf hin, dass wir „manche alte Nazis besser behandelt haben als deren schuldlose Opfer“. So sehr es geboten scheint, eine sogenannte “Stunde Null“ in Frage zu stellen, so wenig wurden in allen Lebensbereichen die richtigen Lehren aus der Nazi-Vergangenheit gezogen, wenn man noch heute an den widerwilligen Umgang mit Menschen anderer Länder, Asylbewerbern und anderen Zugezogenen denkt, geschweige denn an die Angriffe auf jüdische, türkische und schwarze Mitbürger hierzulande.

Es gilt immer noch der Grundsatz der Duldung vor jenem der Akzeptanz. Es hat sich schmerzlich bestätigt, dass es nicht genügt hat, das Thema „Nationalsozialismus“ in die Lehrpläne der Schulen und Universitäten aufzunehmen, wo es zudem meist auch noch unzureichend und oft mit den falschen Methoden und Anreizen behandelt wurde, wenn man zugleich das Feld der Globalgeschichte vernachlässigt hat. Wenn man dann noch daran denkt, dass finanzielle Mittel für Projekte gegen Rechtsextremismus immer schwieriger zu bekommen sind, wundert man sich eigentlich gar nicht mehr, welchen Wildwuchs es an diesem Ende der Gesellschaft gegeben hat. In vielen Teilen ist dieser Wildwuchs bereits auffällig in die Mitte gerückt, wenn wir uns die Zustände beispielsweise in Ungarn, wo Antisemiten und Rechtsextreme mit Orden und Preisen geehrt wurden, vor Augen führen.

Und unser ehemaliger Innenminister Hans-Joachim Friedrich von der CSU sagte: „Rechtsextremismus, wie er von Seiten der NPD vertreten wird, hat in unserer Gesellschaft keinen Platz“. Warum sagt er nicht „**kein** Rechtsextremismus hat in unserer Gesellschaft Platz“, unabhängig von der Parteizugehörigkeit? Das Problem ist nicht die NPD allein, die längst im Niedergang begriffen ist, auch wenn im Jahr 2012 Straftaten mit rechtsextremem Hintergrund gegenüber 2011 um 4% zugenommen hatten. Ein NPD-Verbot würde vielleicht nicht rechtsextremes Gedankengut tilgen, aber es würde zumindest verhindern, dass unser aller Steuergelder für dessen Propagierung ganz legal eingesetzt werden dürfen, obwohl diese Inhalte eindeutig gegen das Grundgesetz verstoßen, indem sie den Tatbestand der Volksverhetzung und der Leugnung des Holocaust erfüllen, die in unserem Land zurecht unter Strafe stehen.

Sontheimer erinnert uns daran, dass wir im Grunde „in der Bundesrepublik eine gute Verfassungsordnung [haben], eine die Menschenrechte respektierende pluralistische Demokratie, die beides möglich macht, das erreichte Gute – also Wohlstand, Sicherheit, Freiheit, Lebensqualität – zu bewahren und fortwirkend lebendig zu erhalten und dem vielen Schlechten, das wir vorfinden, zu Leibe zu rücken, auch wenn wir es nie ganz werden beseitigen können.“ Doch was in der Theorie glänzt, muss in der Praxis täglich poliert werden.

Unlängst bewegte die Gemüter, wie beispielsweise mit gewaltbereiten islamischen Salafisten umzugehen sei, und ob eine Unterscheidung nach Gewaltbereitschaft aus religiösen oder aus politischen Gründen überhaupt Sinn macht, wie der CDU-Politiker Wolfgang Bosbach zutreffend in Frage stellte. Dass sich inmitten einer demokratischen Gesellschaft nach der RAF, die selbstverständlich ganz andere Ziele verfolgte, wieder Gewaltbereite vermehren, die meistens wie die netten Jungs von nebenan ihrem Alltag nachgehen, muss beunruhigen. Es erinnert daran, dass der Staat seiner Aufgabe des Schutzes der Demokratie, Pluralität und Freiheit nicht gerecht geworden ist. Es fragt sich, warum Staatsbedienstete diesen Auftrag nicht ernst genommen haben bzw. ihn so dermaßen unterhöhlen konnten, dass die Verbrechen der NSU noch nicht einmal vollständig aufgeklärt werden können, geschweige denn verhindert werden konnten.

Als Historiker sind wir originär „die Erforscher“ schlechthin. Viele begreifen ihre Aufgabe dabei als allein auf die Vergangenheit und auf Europa gerichtet, so als gäbe es keine Gegenwart geschweige denn eine Zukunft, die wir global mitgestalten und über die wir als Bürger nicht nur bei Wahlen abstimmen. Wo es doch in der Gegenwart lauter Themen gibt, die wir historisch analysierend im Weltkontext besser begreifen können. Als Zeugen der Gegenwart können wir uns gar nicht von ihr abkoppeln, und können auch gar nicht anders als die Prozesse und Entwicklungen zunächst von ihrem vorläufigen Endpunkt her zu begreifen. Was heute um uns herum geschieht, ist unmittelbar Ergebnis der Geschichte und wir befinden uns mitten in ihr. Jede/r einzelne von uns gestaltet und macht Geschichte, auch wenn ich unser aller Bedeutung nicht übertreiben will, und sie findet nie nur in fernen exotischen Ländern statt wie es so mancher Geschichtsschmöker suggerieren mag.

Dabei trägt die deutsche Geschichtswissenschaft die Altlast, dass sie sich zu lange um sich selbst gedreht hat und andere Erdteile dabei fast aus dem Auge verlor. Dieses Beschäftigen mit sich selbst mag von Deutschlands geostrategischer Lage her begründet gewesen sein: eingezwängt zwischen Grenzen lauter anderer Staaten, von denen es sich bedroht fühlte. Die Erforschung der deutschen Kolonialgeschichte beispielsweise musste zugunsten der englischen, französischen, portugiesischen, italienischen, spanischen und niederländischen zurückstehen. Und das zu Unrecht, wenn man daran denkt, wie sie die Lehren der Nazis beförderte. Auch wenn es so manchen allmählich langweilen mag, dass wer sich in Deutschland mit Geschichte beschäftigt unweigerlich immer mit dem Thema Nationalsozialisten konfrontiert bleibt, geradezu ein wunder Punkt im Meer der vieltausendjährigen gespeicherten Geschichtsereignisse, wird es nicht dadurch besser, dass man das Thema *ad acta* legt oder durch andere Vergleichsstudien umschifft. Langeweile ist angesichts des steigenden Zulaufs und der Sympathie für rechtes Gedankengut, wie beispielsweise in Griechenland im Zuge der Finanzkrise, nicht angebracht. Wie eine zeitgenössische Historikerin zurecht bemerkt hat, konnte sich jedoch nicht überarbeiten, wer hierzulande über das Pendant der außereuropäischen Geschichte arbeitete, obwohl sie naturgemäß so viel weitläufiger ist als die deutsche. In Deutschland lebt heute nur etwa 1% der Weltbevölkerung. Wie vermessen, es vor diesem Hintergrund zum Mittelpunkt des Geschehens machen zu wollen.

Herodots „Historien“ stellen als eines der ersten Werke der europäischen Geschichtsschreibung eine Art Weltgeschichte dar, da es die Entwicklung der ganzen damals bekannten Welt, der Oikumene, nachzeichnete. Diodor führte diese Tradition fort. Im Mittelalter waren es die Weltchroniken – etwa die "Chronica sive Historia de duabus civitatibus" des Otto von Freising – die ebenfalls den Anspruch erhoben, die ganze Menschheitsgeschichte zu erfassen. Sie behandelten die Erschaffung der Welt und beschrieben die persische, griechische und römische Geschichte des Mittelmeerraums bis in ihre jeweilige Gegenwart. Theoretisch ist die Welt-geschichte räumlich und zeitlich unbegrenzt, setzt aber chronologisch mit der europäischen Antike oder mit den Hochkulturen Ägyptens und des Alten Orients ein und führt bis in die Gegenwart.

Mit der Entwicklung der Archäologie als Wissenschaft im 19. Jahrhundert wurden auch die schriftlosen Völker der Vor- und Frühgeschichte eingebunden. Eine Weltgeschichte ist jedoch praktisch erst möglich geworden seit ein Teil der Menschheit durch Schiffsbau und anderen Technologien wie Kompassen in die Lage versetzt wurde, den gesamten Planeten in den Blick zu nehmen, konkret gesprochen: seit den sogenannten "Entdeckungsfahrten" der Europäer und dem Beginn der europäischen Expansion in Übersee ab der Wende vom 15. zum 16. Jahrhundert. Infolgedessen wies die Weltgeschichte bis in die jüngste Zeit hinein stark eurozentristische Züge auf. Als universalhistorische Darstellungen wurden dabei in der Regel alle Werke angesehen, die die Geschichte Europas, Amerikas, Vorderasiens und Nordafrikas behandelten und zueinander in Beziehung setzten – also alle Weltregionen mit denen Europa in direktem kulturellen und wirtschaftlichen Austausch stand. Seit dem 18. Jahrhundert fanden auch Ostasien mit dem Kaiserreich China, Japan und Indien zunehmend Beachtung, während "Schwarzafrika", Südostasien, Australien und Ozeanien bis heute eher eine untergeordnete Rolle spielten.

Als eines der klassischen Werke kann William Hardy McNeills "The Rise of the West" (Der Aufstieg des Westens, 1963) gelten. Innerhalb der US-amerikanischen

Geschichtswissenschaft gab sie den Anstoß zur Entwicklung der „World History". Seit den 1980er Jahren wurde diese zur eigenständigen Unterdisziplin an den Hochschulen und zunehmend in den US-Schulunterricht eingegliedert. Bekannte Vertreter dieser Strömung sind z. B. auch John R. McNeill, Immanuel Wallerstein, André Gunder Frank, Janet Abu Lughod, Jerry Bentley, Patrick Mann, Alfred Crosby oder Jared Diamond.

Die World History knüpft dabei z. B. an die französische "Annales"-Schule an, und versteht sich als eine Reaktion auf die bzw. als ein Bestandteil der Globalisierung. Ihren Vertretern geht es um die Überschreitung von räumlichen und zeitlichen Grenzen und die Abkehr von westlich zentrierten Perspektiven in der Beschreibung und Erklärung der Geschichte der Menschheit. Der nationalstaatlichen Perspektive wird eine Absage erteilt, um weiträumigere Verflechtungen zu verfolgen und die Betrachtung enger Zeiträume durch die Analyse langfristiger Entwicklungen zu ergänzen. Themen sind z.B. die Diffusion von technischen und kulturellen Innovationen, Tieren, Pflanzen und Krankheitserregern, das regelmäßige Entstehen und Vergehen der Reiche und die damit verbundenen Schübe und Rückschritte in der Verflechtung von Gesellschaften, der kontinuierliche Konflikt zwischen Zentren und Peripherien oder die Verlagerung der Zentren, die Begegnung verschiedener Völker und der Austausch zwischen den Kulturen.

Diese Entwicklung in der amerikanischen Geschichtswissenschaft hat nun mit einiger Verzögerung allmählich auch die europäische und deutsche Debatte beeinflusst, die hierzulande auch unter dem Begriff „Globalgeschichte" geführt wird. In Europa, speziell in Deutschland, sind jedoch allenfalls Anfänge einer Weltgeschichte im Sinne der Menschheitsgeschichte zu erkennen. 2002 gründete sich das "European Network in Universal and Global History" mit Mitgliedern aus verschiedenen west- und osteuropäischen Ländern. Vergleichbar ist der Ansatz der Weltgeschichte mit der transnationalen Geschichte oder der "histoire croisée".

Die bisherigen Deutungsmuster wie die aus der Historischen Sozialwissenschaft bzw.

Soziologie reichen den Vertretern dieses Ansatzes nicht aus. Im Unterschied zur traditionellen Universalgeschichte, welche eine geschichts- bzw. religions-philosophische oder auch anthropologische Komponente hat, ist es bei der Globalgeschichte die neue Kulturgeschichte, von der sie ihre eigentlichen Impulse erhält. Die Absage an die traditionelle Universalgeschichte, deren Niedergang etwa seit den 1960er Jahren einsetzt, hat auch ihre Ursache in einer Polarisierung der Wahrnehmung der Welt wie Nord-Süd oder West-Ost. Die teleologische Deutung der Universalgeschichte oder der Weltgeschichte wird abgelehnt. Gleichzeitig versucht man die bisherigen historiographischen Deutungsweisen auf ihre Brauchbarkeit hin zu prüfen. Das betrifft nicht zuletzt Fragen der Periodisierung. Weiterhin hat hierbei auch der Europagedanke seinen Anteil, weil damit neue Antworten auf neue Fragen hinsichtlich der Stellung von Europa in der Welt gefunden werden müssen.

Um die Verflechtungen mit Eric Wolf näher zu illustrieren: „There are ecological connections: New York suffers from the Hong Kong flu; the grapevines of Europe are destroyed by American plant lice. There are demographic connections: Jamaicans migrate to London; Chinese migrate to Singapore. There are economic connections: a shutdown of oil wells on the Persian Gulf halts generating plants in Ohio; a balance of payments unfavourable to the US drains American dollars into bank accounts in Frankfurt or Yokohama; Italians produce Fiat automobiles in the Soviet Union; Japanese build a hydroelectric system in Ceylon. There are political connections: wars begun in Europe unleash reverberations around the globe; American troops intervene on the run of Asia; Finns guard the border between Israel and Egypt. This holds not only of the present, but also of the past. Diseases from Eurasia devastated the native population of America and Oceania. Syphilis moved from the New World to the Old. Europeans and their plants and animals invaded the Americas; the American potato, maize plant and manioc spread throughout the Old World; Chinese and Indian indentured labourers were shipped to Southeast Asia and the West Indies. Portugal created a Portuguese settlement in Macao off the coast of China. Dutchmen using labour obtained in Bengal constructed Batavia. Irish children were sold into servitude in the West Indies. Fugitive African slaves found sanctuary in the hills of Surinam. Europe learned to copy Indian textiles and Chinese porcelain, to drink native American chocolate, to smoke native American tobacco, to use Arabic numerals."

Gesellschaften können demnach nicht länger als isolierte und sich selbsterhaltende Systeme gedacht werden. System und Umwelt sind – um mit der Systemtheorie zu sprechen – so ineinander verzahnt, dass sie sich wechselseitig bedingen. Dabei kommt den Historikern die Aufgabe der Konservierung zu: „Die Geschichtsschreiber binden zusammen, was flüchtig vorüber rauscht, und legen es im Tempel der Mnemosyne nieder, zur Unsterblichkeit." schrieb Georg Wilhelm Friedrich Hegel in seinen Vorlesungen über die Philosophie der Geschichte, die sehr außer Mode gekommen ist.

Dabei Raum und Zeit als Kontinuen zu beschreiben und zu denken, ist die Aufgabe der Historiker: „Die Zeiträume, wir mögen sie uns von Jahrhunderten oder Jahrtausenden vorstellen, welche den Völkern vor der Geschichtsschreibung verflossen sind und mit Revolutionen, mit Wanderungen, mit den wildesten Veränderungen mögen angefüllt gewesen sein, sind darum ohne objektive Geschichte, weil sie keine subjektive, keine Geschichtserzählung aufweisen." (Georg Wilhelm Hegel) Solange es keine Geschichtenerzähler gibt, gibt es keine Geschichte. Früher erzählten sie Großväter am Lagerfeuer, später dann Chronisten wie Mönche und anschließend dann professionelle Historiker, die es allerdings auch schon in der Antike gab, die daraus viel später jedoch eine eigene Zunft mit Regeln und Prinzipien machten und in die akademischen Weihen hoben.

Die Welt" hingegen nehmen die meisten in ihrem Dorf, in ihrer Stadt, in ihrem Viertel, an ihrem Arbeitsplatz, in der eigenen Familie, in der Schule, im Freundeskreis, unter Nachbarn, im Sport, im Fernsehen, Radio und in Zeitungen und Zeitschriften (also den Medien) und auf Reisen wahr. Was in ihr geschieht wird für uns durch die Nachrichten vorselektiert. Wer sich für mehr interessiert, liest zusätzlich

Bücher über Geschichte, Politik, Soziologie, Kunst, Psychologie, Anthropologie, Wirtschaft, Technologie, Sport, Religion und Literatur. Erfreulich ist, dass heute trotz oder wegen Internet und Handys das Lesen von Büchern wieder großen Zulauf genießt, das Buchmessen gut besucht werden und dass Dokumentationen über Geschichte und Sendungen mit einem gewissen intellektuellen Anspruch relativ hohe Zuschauerzahlen zu verzeichnen haben. Auch in den Schulen und Universitäten muss mehr Raum für Diskussionen geschaffen werden und gleichzeitig sicher gestellt sein, dass genügend Zeit für Lektüre bleibt. Wenn Studenten eher von dem Stress getrieben sind, wie sie alle nötigen Scheine zusammen bekommen oder wie ihr B.A. oder M.A. am Lukrativsten auf dem Arbeitsmarkt verwertet werden kann, hat nicht genügend Zeit, um sich kritisch mit den gelesenen Inhalten und Thesen auseinander zu setzen.

Als ich anfing Geschichte, Soziologie und Politik zu studieren, tat ich das mit der Absicht die Gesellschaft besser zu verstehen, um meine Allgemeinbildung zu vermehren und um mitreden zu können bei den Themen, die in der Öffentlichkeit, häufig von Journalisten, Lehrern und Politikern vorgegeben, die Agenda bestimmten. Dabei hatte ich in der Schule und von zuhause schon viel davon mitbekommen. Aber mich haben die Details interessiert, was andere zu dem geschrieben haben, was mich bereits früh bewegte: wie es zum Holocaust kommen konnte, was nationale Identitäten ausmacht, warum Krieg immer als Mittel der Politik zum Einsatz kam, ob man einen Atomkrieg wird verhindern können, warum im Kapitalismus so vieles ungleich verteilt ist und wie man – um mit Kants Postulat zu sprechen – mehr Gerechtigkeit herstellen kann, auch wenn er richtig beobachtet hat, dass sie sich nie gänzlich wird herbeiführen lassen. Ist ein bestimmtes Maß an Grausamkeit, Intoleranz, Ungerechtigkeit, Ungleichheit und Ignoranz tatsächlich in allen menschlichen Gesellschaften vorprogrammiert und rechtfertigen sie sich durch die Ungleichheit der Herkunft, und der Kapazitäten, Talente und Ziele der Einzelnen?

Ich fand Antworten im Studium, die eher die Zusammenhänge, die Hintergründe und die Prozesse erklärten. Dass alles mit allem irgendwie zusammenhing, war mir indes schon vorher klar, doch inwieweit und warum? Die Geschichte liefert uns Antworten, auch wenn Hegel insistiert, dass Regierungen noch nie aus ihr gelernt hätten. Regierungen aber werden oft genug gewählt und setzen sich aus Bürgern zusammen, die bereit sind, aus unterschiedlichsten Gründen, sich für das Gemeinwohl einzusetzen, auch wenn dabei häufig Korruption, Missmanagement und Größenwahn herauskommen. Selbst die Nationalsozialisten haben mit dem Allgemeinwohl argumentiert und den Kommunisten ging es um nichts weniger als eine klassenlose Gesellschaft, in der jede/r nach seinen Bedürfnissen und seinen Fähigkeiten sich entfalten können sollte. Beide sind gescheitert, und in der Geschichte können wir nachlesen warum und wie dieses Scheitern zustande kam. Idealismus versus Pragmatismus lautet die Losung: derzeit leben wir in einer pragmatischen Gesellschaft, in der nicht die idealsten Lösungen zum Zuge kommen, sondern die häufig am einfachsten, bequemsten und billigsten machbaren. Die idealsten Lösungen können aber aufwändiger sein und komplizierter zu realisieren.

Die Lösung beginnt u.a. mit einer Definition von „Wissen". Etymologisch gesehen leitet sich das Wort „Wissen" aus dem Althochdeutschen „Wissan" ab und bedeutet „gesehen haben". Man muss etwas gesehen haben, bevor man davon sprechen kann. Es verweist somit zunächst auf die Beobachtbarkeit von Geschehnissen, Dingen und Phänomenen. Dem Wissen liegen „Informationen" zugrunde und es ist behaltene (man könnte auch sagen „konservierte) – oder aus der Perspektive der Informatik gesprochen – „gespeicherte" Information. Damit steht es in der griechischen Tradition der „episteme" im Gegensatz zur Meinung (engl. „opinion"), die nicht auf gesicherten Erkenntnissen fußt. Wissen beansprucht also Wahrheit und kann durch keine Argumentation widerlegt werden. Die Epistemologie ist demnach die Lehre von der Erkenntnis, die erst dann aus dem Wissen folgt, wenn die Relevanz, die die Einzelinformationen für die Lösung eines Problems hat, geklärt ist. Die Wissenschaftssoziologie befasst sich mit den sozialen Implikationen und Bedingungen des Wissenserwerbs. Dabei kann nach realen und imaginären Objekten, Systemen und

Prozessen unterschieden werden, die eingegrenzt, beschrieben und definiert werden können.

Die Produktion und Vermehrung von Wissen ist traditionsgemäß stets ein Privileg und eine Tätigkeit der Eliten gewesen. Während es in der Antike die ersten Philosophen waren, die über die Phänomene der Natur und des Kosmos und über das Wesen des Menschen sinnierten, bemühten sich Archivare, Bibliothekare und Historiker um die Konservierung dieses Wissens. Zudem wurden Versuche unternommen, das Wissen zu klassifizieren und zu ordnen. So hat beispielsweise die Soziologie Theorien und Modelle über die historische Entwicklung des Menschen und der menschlichen Gesellschaft entwickelt und die Geschichtswissenschaft hat diese mit Einzeluntersuchungen näher zu beschreiben versucht. Peter Weingart hat die Bedingungen und die Charakteristika der heutigen Wissensproduktion benannt. Demnach hat die Universität als Institution ihr Monopol der Wissensproduktion eingebüßt. An die Stelle des Wissensmonopols der universitären Disziplinen trat eine Vernetzung aus Forschungszentren, Regierungsbehören, Industrielaboratorien, Think-Tanks und Beratungsbüros. Im Gegensatz zu vergangenen Wissensproduktionen unterliegt die heutige nicht länger der Suche nach Naturgesetzen, sondern findet in konkreten Anwendungskontexten im Hinblick auf den Nutzen und auf den entsprechenden Klienten statt. Die Ergebnisse dieser Forschung werden nicht allein über institutionelle Kanäle kommuniziert, sondern über die am Forschungsprozess Beteiligten selbst. Zudem wird die Wissensproduktion gesellschaftlich rechenschaftspflichtig und reflexiv. Die Forschung steht damit unter veränderten Legitimationszwängen. Sie orientiert sich verstärkt an sozialen Werten und politischen Zielen sowie an den Medien. Aus historischer Persepktive zeigt sich, dass es eine zunehmende Aufteilung in Fachdisziplinen gegeben hat. Die Geisteswissenschaften als universitäre Wissenschaften entstanden später als die Philosophie, Theologie und Rechtswissenschaft. Später haben sich Wissenschaften wie Soziologie und Politologie oder Wirtschaftswissenschaften ihrerseits wieder von den Geisteswissenschaften abgegrenzt und werden unter den Sozialwissenschaften subsumiert.

Demnach sind die Geisteswissenschaften für kulturell-geistige Themen zuständig, wobei „Geist“ sowohl den individuell-menschlichen als auch den objektiven Geist im Hegelschen Sinne, der sich im Recht oder im Staat manifestiert, meinen kann. Der Begriff „Geisteswissenschaften“ wurde aus dem Englischen „moral sciences“ von John Stuart Mill übernommen, ohne jedoch bereits im Namen die moralische Dimension zu betonen. Im deutschsprachigen universitären Raum wurde er vor allem von Wilhelm Dilthey popularisiert und präzisiert. Dieser beschrieb in seiner „Einleitung in die Geisteswissenschaften“ 1883 ihren Auftrag als die Untersuchung des Zusammenhangs zwischen „Leben, Ausdruck und Verstehen“. Die Methode des Verstehens wird als „Hermeneutik“ bezeichnet.

Nicht nur in Deutschland waren es bis zum Ersten Weltkrieg vornehmlich Aristokraten, die sich auf diesem Terrain behaupteten, während einfache Bürger Schwierigkeiten hatten, überhaupt von einer Universität zur anderen zu gelangen. Ein Ziel der Geisteswissenschaften war es, trotz dieser Hindernisse einen Konsens herzustellen. Durch Einfühlung in die kulturellen Leistungen sollte das Vereinzelte zu einem Gesamten, etwa der „Epochen“ und „Nationen“ verbunden werden. Im angloamerikanischen Raum kam diese Aufgabe den „Humanities“ zu. Ein weiterer wichtiger Faktor für die Entstehung der Geisteswissenschaften war das Verhältnis von Universität und Staat: Im 19. Jahrhundert hatten sich die bürgerlichen Gelehrten, Künstler und Literaten einen Geistesadel und eine Hochkultur geschaffen, und diesen „Geist“ galt es nicht zuletzt gegenüber der führenden Oberschicht zu behaupten.

Hardtwig und Müller erklären, dass die Weltgeschichtsschreibung, die früher auch unter dem Begriff „Universalgeschichte“ gefaßt wurde, „zwei begriffliche Modelle entwickelt [hat], um Geschehen in Geschichte zu verwandeln: Zum einen hat sie nach der Entstehung und dem Wandel von Phänomenen gefragt, die über zwischenstaatliche Grenzen hinausreichen und entfernte geographische Einheiten miteinander verbinden. (...) Zum anderen hat sie Analogien und Kontraste durch den Vergleich historischer Entwicklungen in unterschiedlichen Erdteilen beschrieben.“ Ernst

Troeltsch war in „Der Historismus und seine Probleme“ 1922 der Meinung, dass „die Universalgeschichte (...) die natürliche Vollendung und Krone der Historie, die zusammenfassende Leistung des Entwicklungsbegriffs, ist.“ Dabei entwickelte sich die alte Universalgeschichte hin zur modernen Globalgeschichte. Dabei kann zum Beispiel Karl Lamprecht als Vorläufer einer Globalisierungsgeschichte begriffen werden. Die „Big History“, wie sie Fred Spier vertritt, hingegen geht weiter und schließt die gesamte, uns bekannte Geschichte vom Anfang des Universums bis zum Leben auf der Erde heute ein. Koselleck betont die Geschichte des Menschen statt einer Geschichte der einzelnen Länder und Nationen, Kulturen und Gesellschaften.

Ich möchte die Geschichte des Menschen und der Wissensproduktion um eine Analyse des Gegenstandes „métissage“ bereichert wissen, verstanden hier als der frankophone Begriff für die Begegnung und Verschmelzung der Völker, Kulturen und Nationen. Es zeigt sich, dass métissage in diversen Kontexten dargestellt und beschrieben wurde und zu verschiedenen Klassifikationen geführt hat. In Neu-Frankreich entstand die Kategorie des „Métis“ als Bezeichnung für „Mischlingskinder“, ein aus politisch korrekter Sicht verpönter Begriff im Deutschen. Sie waren die Nachkommen aus indianisch-europäischen Ehen und Beziehungen. In Südafrika waren das die "Cape Coloureds" am Kap der Guten Hoffnung, hervorgegangen aus Beziehungen zwischen schwarzen "Eingeborenen" und weißen Kolonisten. In Nordamerika waren es im englischen Sprachgebrauch die „halfbreeds“, die man diskriminierend als „Halbblut“ beschrieb, da man von der Kategorie des Blutes als Wertigkeit ausging und die Mischung von Blut im 18. und 19. Jahrhundert als Degeneration deklariert hatte. Noch im 17. Jahrhundert war eben diese Verschmelzung von Frankreich gewollt gewesen, um eine Nation in Übersee zu schaffen, die auf französischen Werten beruhen und die indigene Bevölkerung durch „Mischehen“ an jene assimilieren sollte.

„Métissage“ ist in verschiedenen kulturwissenschaftlichen Fächern unter unterschiedlichen Begrifflichkeiten behandelt worden: „hybridity“ wird in den cultural studies bevorzugt verwendet, während auch die französischsprachigen Bezeichnungen „brassage", „créolité" und „branchement" unter Anthropologen, Soziologen und Politologen zu finden sind. Die Studien erstrecken sich auf diverse geographische Räume: vorrangig Afrika, Nord- und Südamerika und die Karibik. Die ordnungsbildende Stoßrichtung kommt darin zum Ausdruck, dass nicht nur diese geographischen Räume nach einem Phänomen beschrieben werden, das sie maßgeblich charaktierisiert, sondern auch darin, dass der Begriff selbst dazu dient, Menschen und Völker danach zu beschreiben, wie sie miteinander in Kontakt getreten sind. Es soll gefragt werden, wie „métissage" als Ordnungskategorie gebraucht wurde, um das Wissen um den Menschen und sein gesellschaftliches Werden zu werten, wie es aber auch als politisches Schlagwort und Instrument eingesetzt wurde, um koloniale Ziele durchzusetzen, die die gesellschaftliche Ordnung umwälzten und neu definierten.

Durch Studien über métissage haben die kulturwissenschaftlichen Fächer maßgeblich dazu beigetragen, ein Wissen über Menschen in ihrem gesellschaftlichen Kontext zu erarbeiten, das anschaulich macht, wie Unterschiedlichkeit und Wertigkeiten historisch gewachsen und politisch instrumentalisiert worden sind. Dabei sind Kategorien entstanden, die die Ordnungsbildung der Gesellschaft zwar beförderten, jedoch auch ihre Rassialisierung zunehmend festschrieben. Mensch und Gesellschaft sind somit verstärkt unter der Kategorie „Rasse" gefasst worden, die als leitendes Prinzip die Differenzen unter den Menschen und ethnischen Gruppen erklären sollte bzw. konstruieren half. Métissage als rassischer bzw. rassistischer Begriff *par excellence* hat die Gesellschaft historisch eingeteilt in ihre ethnischen Komponenten, und sich damit von einer monogenetischen Weltsicht, die von einem gemeinsamen Ursprung aller Menschen ausgeht, entfernt. Als Ordnungskategorie erfreut sie sich in den Kulturwissenschaften zunehmender Beliebtheit, da sowohl multikulturalistische als auch pluriethnische Perspektiven auf die Welt als ein Ort verschiedener Stämme, Gruppen, Ethnien, Kulturen, Nationen und Rassen verstärkt herangezogen werden, um historisch entstandene Konflikte zu erklären.

## Mein Mustafa Kemal Atatürk

Renan Demirkan, mit der ich als junges Mädchen häufiger verglichen wurde, hat eine Reise in die Türkei gemacht und sich bei ihren Erkundungen von einem Fernsehteam filmen lassen. Sie ist in Ankara geboren und mit sieben Jahren nach Deutschland gekommen; ich bin in Deutschland geboren und mit drei Monaten in die Türkei gebracht worden.

Für mich war immer Deutschland Heimat bis ich mit achtzehn aus freiwilligen Stücken zum Arbeiten nach Istanbul gegangen bin, wo ich meinen ersten Job als Journalistin antrat. Nach fünf Monaten hatte ich allerdings genug von Großfamilie, kulturellen Gepflogenheiten und dem vielen Essen...Seit ich vor kurzem wieder für viereinhalb Monate dort war, ist mir aber doch schmerzhaft bewußt geworden, dass die Türkei mehr Heimat ist als mir lange klar war. Denn was dort politisch passiert tut mir einerseits weh (die Islamisierung des Landes) und macht mich andererseits stolz (die Gezi-Revolution).

Ähnlich wie Renan Demirkan habe ich mich aufgrund meiner deutschen Sozialisation und anders als die Mehrheit der Türken in der Türkei nicht besonders viel mit der Figur Mustafa Kemal Atatürks auseinandergesetzt. Personenkult liegt mir fern, ich halte ihn schlicht gesprochen für eine psychologische Projektion.

Dennoch kommt man einfach nicht um ihn herum und, ob nun Patriotin oder nicht, bleibt einem gar nichts anderes übrig, als sich mit ihm zu beschäftigen und sei es nur um den Personenkult überhaupt erst zu verstehen. Anders als in der Sendung Demirkans behauptet, bedeutet das Wort "Atatürk" nicht etwa "Vater der Türken", sondern "Vorfahr oder Ahne der Türken", und ist damit noch archaischer.

Was er alles geschafft hat, ist den meisten wohl bekannt: nationale Befreiung, Anfänge der Demokratie, Schriftreform, Kleiderreform und vieles mehr. Der Kemalismus, nach ihm benannt, wurde zur Staatsdoktrin. Als nationaler Held der Befreiung des Landes von seinen Belagerern kommt ihm zweifellos eine große Bedeutung zu. Was wäre die Türkei in der Tat ohne Atatürk geworden – eine Kolonie etwa? Er nahm sich vieles aus dem Westen zum Vorbild und liebte Opern, er trank Alkohol und verordnete den Männern den osmanischen Fez abzunehmen. Den Frauen gab er das Wahlrecht noch vor den Französinnen und den Schweizerinnen.

Kann man ihn also gar nicht groß genug schätzen?

Er hat nicht nur etwas Charismatisches gehabt, sondern tatsächlich etwas sehr Modernes, Vorkämpferisches. Er hat das Land weiter gebracht als viele andere Länder noch mit den Auswirkungen des Ersten Weltkriegs zu kämpfen hatten: Russland steckte im Chaos der Russischen Revolution und Deutschland versuchte die Weimarer Republik auf den Weg zu bringen.

Doch, auch ich bin stolz auf Mustafa Kemal Atatürk, auch wenn ich keine Kemalistin bin und weiss, dass er mit Minderheiten schlechter umging als die Osmanen. Seinen Namen werde ich mir allerdings nicht eintätowieren lassen.

## Michel Foucault – der unerhörte Philosoph

Unerhört ! Ein Philosoph, der Menschen als Gegenstände betrachtet, der verstanden hat wie randständig der Mensch im gesamten Kosmos eigentlich ist. Wie kein anderer hat Foucault die Humanwissenschaften, wie er u.a. die Geschichte und die Ethnologie nennt, revolutioniert. Er hat alte Dogmen der Geschichtswissenschaft vom Sockel gestoßen und neue Methoden eingeführt. Dabei hat er sein Augenmerk auf so randständig wirkende und doch eigentlich weit verbreitete Phänomene wie die Kriminalität und den Wahnsinn gerichtet. Er war ein Philosoph, der seine Berufskollegen minutiös studiert und ihre Schwachstellen aufgedeckt hat – von vielen bewundert, von anderen, die ihn schon zu Lebzeiten nicht verstanden haben, ver-schmäht.

Er hat sich in seinem Buch "Die Ordnung der Dinge" dagegen gewehrt, als Strukturalist bezeichnet zu werden: "Ich habe es nicht in ihre winzigen Köpfe kriegen können, dass ich keine der Methoden, Begriffe oder Schlüsselwörter benutzt habe, die die strukturale Analyse charakterisieren."[1] Er hat zeitlebens von den "Epistemen" geschrieben, von Zeitepochen in der longue durée. In "Die Ordnung der Dinge" ging es ihm vor allem um den Zeitraum vom 17. bis zum 19. Jahrhundert: "[Ich versuchte] die Kombination entsprechender Transformationen zu beschreiben, die das Auftauchen der Biologie, der Politischen Ökonomie, der Philologie, einer ganzen Anzahl von Humanwissenschaften und eines neuen Typus der Philosophie an der Schwelle des neunzehnten Jahrhunderts charakterisierten."[2]

Dabei verglich er nie Äpfel mit Birnen, sondern Gleiches mit Gleichem: "Grenzen sind neu gezogen und Dinge, die gewöhnlich weit auseinanderliegen, sind näher zusammengebracht worden und umgekehrt: anstatt die biologischen Taxinomien mit

1 Michel Foucault, Die Ordnung der Dinge. Eine Archäologie der Humanwissenschaften, Frankfurt am Main 1971, S. 15.
2 Ders., S. 13.

anderem Wissen vom Lebewesen (der Theorie der Fortpflanzung – oder der physiologischen Veränderung der Tiere oder des Pflanzenbaus) in Zusammenhang zu bringen, habe ich sie mit dem verglichen, was zur gleichen Zeit über linguistische Zeichen, allgemeine Ideenbildung, die Gebärdensprache, die Hierarchie der Bedürfnisse und den Warenaustausch gesagt worden sein mag."[3]

Und noch weiter gedacht: "Ich arbeitete deshalb nicht auf der Ebene, die gewöhnlich die des Wissenschaftshistorikers ist – ich sollte sagen, auf den zwei Ebenen, auf denen er gewöhnlich arbeitet. Denn einerseits zeichnet die Wissenschaftsgeschichte den Fortschritt der Entdeckungen, die Formulierung der Probleme und das Aufeinanderprallen verschiedener Standpunkte nach; sie analysiert auch die Theorien in ihrer immanenten Ökonomie; kurz, sie beschreibt die Prozesse und Ergebnisse des wissenschaftlichen Bewußtseins. Aber andererseits versucht sie zu erstellen, was diesem Bewußtsein entging: die Einflüsse, die an ihm hafteten, die impliziten Philosophien, die ihm zugrunde lagen, unartikulierte Thematik, die unsichtbaren Hindernisse; sie beschreibt das Unbewußte der Wissenschaft: Dieses Unbewußte ist immer die negative Seite der Wissenschaft – das, was ihr Widerstand leistet, sie vom Wege abbringt oder sie stört. Was ich jedoch erreichen wollte war, ein positives Unbewußtes des Wissens zu enthüllen: eine Ebene, die dem Bewußtsein des Wissenschaftlers entgleitet und dennoch Teil des wissenschaftlichen Diskurses ist – anstatt über seinen Wert zu streiten und seine wissenschaftliche Qualität zu verringern zu suchen."

Foucault erhebt sich über den Werturteilsstreit und die Frage danach, ob die Geschichte überhaupt eine Wissenschaft sei – worüber sich viele Historiker den Kopf zerbrachen – und wendet sich lieber ihrer Systematik zu. Was, so fragt Foucault, wenn die Geschichte ähnlich wie die Mathematik und die Physik ein System hat? Seine Vorläufer haben darüber dicke Wälzer der Weltgeschichte geschrieben, Typen ausgemacht, Achsenzeiten analysiert, Vergleiche gezogen, und sich doch immer wieder selbst verfangen in der alles entscheidenden Frage, ob die Geschichte zu den

3 Ders., S. 10.

Wissenschaften zählt. Für mich steht außer Zweifel, dass sie das tut und dass wir sogar Objektivität erreichen können, wenn wir uns nicht allein streng an die Quellen halten, sondern in Foucaults Epistemen denken.

Als ich promovierte, wurde ich von einem Freund gefragt, was mir Michel Foucault bedeutete und warum ich ihn als Theorierahmen anwenden wollte (dabei hatte ich ihn damals noch gar nicht richtig verstanden). Ich konnte keine einleuchtende Antwort liefern und wich statt dessen lieber auf die Systemtheorie und die allgemeine Diskursanalyse aus. Hätte ich Foucaults geniale Theoriebildung auf meine Promotion angewandt, wäre eine gänzlich andere, vermutlich eine um ein Vielfaches bessere Arbeit herausgekommen.

Nun begnüge ich mich mit der Nachlese, lese eifrig Foucault und entdecke immer wieder Genialitäten in seinen Einsichten, in seiner Art auf die Geschichte zu schauen, einer ganzheitlicheren, wie sie vor ihm kaum ein anderer Wissenschaftler für sich in Anspruch nehmen kann geschafft zu haben.

## Auschwitz-Gedenken – gegen das Vergessen:

"Intoleranz ist in Deutschland
nicht mehr tolerabel."

**Dr. Norbert Lammert**,
am 27. Januar 2014 im Deutschen Bundestag

Als ich das erste Mal nach Auschwitz/Oswiencim fuhr kam ich mit diffusen Bildern im Kopf dorthin. Ich hatte als Kind Schwarzweiß-Aufnahmen vom Zweiten Weltkrieg im Fernsehen gesehen und hatte drauf los geweint. Meine Eltern waren ein wenig ratlos und konnten mir in so frühen Jahren nicht erklären, wie so etwas wie Auschwitz-Birkenau möglich gewesen war.

Meine erste Reise dorthin fand mit den Falken, dem sozialistischen Jugendverband der SPD, statt. Eine Schulfreundin hatte mich in den Verband eingeführt und da sie eine Auschwitz-Reise planten und ich unbedingt mit geringen Mitteln mal dorthin fahren wollte, trat ich bei. Uns begleitete unser damaliger österreichischer Gruppenleiter Manfred Ölschläger, den wir liebevoll "Öli" nannten. Als ich die Krematorien sah konnte ich die Tränen erneut nicht unterdrücken. Meine Schulfreundin ging mit mir nach draußen, wir setzten uns auf den Bordstein und sie nahm mich in den Arm. Das Böse ist für uns eben nicht nur banal, sondern oft auch unerklärlich. Darüber hat die jüdische Philosophin Hannah Arendt ein ganzes Buch geschrieben ("Die Banalität des Bösen"), mit dem ich mich erst viel später im Studium beschäftigen sollte.

Meine zweite Reise fand entsprechend mit einer Studentengruppe im Jahr 1991 statt. Wir waren Teilnehmer eines Polen-Seminars an der Ruhr-Universität Bochum (RUB), wo Dr. Hubert Schneider lehrte, der viel über Polen und die jüdische Geschichte geforscht und gearbeitet hat. Leider ist er nie Professor geworden, obwohl er mit seinem Wissen, seiner Kompetenz und seinem Engagement allemal einer hätte sein können. Hans Mommsen war damals der Inhaber des Lehrstuhls für Neuere Geschichte an der RUB, der sich hauptsächlich dem Nationalsozialismus widmete.

Mein erstes schriftliches Referat war eine Buchbesprechung und handelte von den Kindern, die in Auschwitz ermordet wurden und mein erster Vortrag von der Geschichte der Stadt Auschwitz. Ich kam mir ganz grünschnabelig vor neben den vielen älteren Semestern, die zum Teil viel belesener waren als ich, vor allem was die Theorie der Geschichte anbelangte. Herr Schneider hatte mich trotzdem in sein Seminar aufgenommen, da ich viel Interesse an dem Thema gezeigt hatte.

Zwei Wochen blieben wir in Krakau und Oswiencim, trafen dort polnische Studenten, mit denen wir ein gemeinsames Seminar abhielten. Die Aktion Sühnezeichen und das damalige IBB in Dortmund halfen bei den organisatorischen Fragen. Burkhard, so hieß einer der Angestellten dort, nannte meine damalige Grundschulfreundin Petra ironisch "den Schäfer" , da er lange Haare manchmal zum Zopf gebunden trug. Imke war auch eine der Organisatorinnen, die sich sehr aktiv mit einbrachte.

Wir reinigten das Lager von Laub, stöberten im lagerinternen Archiv und tauschten uns viel mit unseren neuen polnischen Freunden aus, die zum Teil sehr bewegende Geschichten aus ihren Familien erzählten. Zurück in Bochum empfingen wir dieselbe Gruppe an unserer Uni und jede/r nahm jeweils eine Polin oder einen Polen bei sich zuhause auf.

Zu mir kamen Anna und Barbara. Ich erinnere mich noch an die beiden als ob es gestern wäre, vielleicht weil es ein schönes schwarz-weiß Foto von uns gab, das zeigte, wie wir in meinen Fotoalben stöbern. Im Hintergrund des Bildes ist ein riesiges Poster von amnesty international zu sehen (mit einem Motiv vom großartigen Pablo Picasso). Anna und Barbara waren beide sehr sympathisch, Anna war die forschere unter den beiden und Barbara etwas schüchtern. Ich schrieb einen Artikel über ihren Aufenthalt bei uns für die WAZ, bei der ich damals als freie Mitarbeiterin nach einem Praktikum weiterjobbte. Ein zweites Foto, das ich für den WAZ-Artikel ausgesucht hatte, zeigte meinen Vater und meine Schwester, die uns türkischen Tee servierte. Der Artikel kam leider in einer Wochendausgabe mit einem reisserischen Aufmacher auf dem Titelblatt. Ich hatte keinen Einfluss darauf, weil ich nicht an der Blattgestaltung beteiligt gewesen war. Aber wer weiss, vielleicht lasen dadurch jedoch mehr Menschen meinen Beitrag, da viele ihre Zeit besonders am Wochenende zum Zeitunglesen nutzen.

Ich erinnere mich auch an Crisztof und an den Assitenten des Fachbereichs Geschichte an der polnischen Uni in Krakau, der Jagellonen-Universität, der mir viel von seiner Arbeit erzählte und wie schwer es zum Teil für die Dozenten war in den hierarchischen Strukturen der dortigen Universität für wenig Geld zu arbeiten, um davon eine Familie ernähren zu können (wobei unsere Strukturen da nicht besser sind – vielleicht nur in der Frage der Bezahlung).

Ein Text von mir erschien damals unter dem Titel "Keine Hölle, sondern ein deutsches KZ" in unserer Bochumer Studentenzeitung, die neben einem Interview mit Hubert Schneider auch Texte von Luise Iwan und Kathrin Raith enthielt. Unter den Text hatte ich eine Postkarte mit einer schwarz-weiß Zeichnung des Häftlings Miecyslaw Koscielniak mit dem Titel "Erledigt" platziert.

Martin Walsers Text "Unser Auschwitz" aus dem Jahr 1965, den wir in unserem Polenseminar diskutiert haben, hat mich damals tief beeindruckt, auch wenn er Positionen vertrat, die vielen in unserer Gruppe übel aufstießen. Er verallgemeinert meiner Ansicht nach zu viel darin, spricht immer wieder von "uns" im Namen aller Deutschen. Es würde sich lohnen sich heute wieder intensiver mit diesem Text auseinanderzusetzen. Walsers Bücher kenne ich nur zum Teil und halte ihn für einen großartigen Schriftsteller. Ich weiß aber, dass er sehr umstritten ist, weil er häufig unbequeme Meinungen preisgibt.

Heute am Tag der Befreiung des Lagers im Jahr 1945 wird es wie an jedem 27. Januar wieder Gedenkveranstaltungen geben. Der überlebende russische Schriftsteller und ehemalige Soldat Daniil Granin wird im Deutschen Bundestag von seinen Interviews mit Überlebenden der dreijährigen Besatzung Leningrads, des heutigen

Sankt Petersburg, durch die Wehrmacht berichten. Sie endete auf den Tag genau ein Jahr vor der Befreiung des Lagers. Es scheint als kenne die Geschichte keine Zufälle.

Ich würde mir als Historikerin wünschen, dass es nicht wie so oft zu Schändungen jüdischer Friedhöfe käme, zu dumpfen Nazi-Parolen oder Rechtfertigungsreden wie sie einst Jenninger im Deutschen Bundestag hielt. Marcel Reich-Ranicki, der als Zeitzeuge aus seinen Ansichten nie einen Hehl gemacht hat, ist leider schon tot. Er war ein wichtiges Sprachrohr. Männer wie er und Ignatz Bubis waren für die jüdische Kultur und Politik wichtig. Heute sind es Dieter Graumann und zuvor Charlotte Knobloch. Ihnen kommt eine wichtige Funktion in der bundesrepublikanischen Gesellschaft zu.

Möge das so bleiben.

Printed by Books on Demand GmbH, Norderstedt / Germany